JN188308

Books for High School Teacher

高校教師のための

生徒指導 教育相談

チームSMASH 著
峯岸久枝 編

学事出版

はじめに・・

「本校の生徒のことを理解するためにも、まずは生徒指導部で指導方法を身に付けてもらいたい」などと管理職から言われ、生徒指導部に所属することが決まったとき、あなたはどのような気持ちでしょうか。生徒指導部＝怖い、高圧的、問題行動を正すというイメージが刷り込まれていて、生徒を叱ったり大きな声で指導したりすることが苦手だと思う方もいるのではないでしょうか。あるいは、生徒指導部に所属すると生徒から嫌われるのではないか、と心配になる方もいるかもしれませんね。

『生徒指導提要』（令和４年12月）には、「生徒指導とは、児童生徒が、社会の中で自分らしく生きることができる存在へと、自発的・主体的に成長や発達する過程を支える教育活動のことである。なお、生徒指導上の課題に対応するために、必要に応じて指導や援助を行う。」とあります。

つまり、生徒を叱ることでも怖い存在になることでもなく、生徒が自分らしく生きることができるように指導や援助することが求められています。生徒指導の目的は、教育課程内外を問わず、生徒の人格が尊重され、生徒の幸福と社会の発展を生徒自らが追求することを支えることにあります。最近では、生徒指導という言葉の強さや意義の再定義から、「生徒支援」と名称を変更する自治体もあります。本書をきっかけとして、これからの時代に求められる生徒指導や教育相談にはどのような点に留意が必要か考えたり、生徒への関わり方のヒントを得たりしていただけると幸いです。

生徒指導部に配属されたら

生徒が学校にいるときは学校の管理下であり、そのときに学校内で起こったことには教員が対応することが欠かせません。学校にもよりますが、生徒指導部は他の分掌に比べて低い年齢層で構成され、機動力が求められることもあります。いきなり一人で動くのではなく、これまでの指導の経緯や学校としての指導方針（内規など）を確認した上で、周りの教員を巻き込んで、複数で対応していきましょう。問題行動が起きたときの対応だけでなく、学校行事における生徒の葛藤や成長、時期や学年などによって変化する生徒の様子を感じ取り、指導や支援にあたっていきましょう。

生徒指導や教育相談のやりがい

担任のように毎日クラスの生徒と顔を合わせるわけではないので、どこにやりがいを見出すかは人それぞれでしょう。例えば、文化祭の担当になって学校全体を動かしていくことが楽しいと思うこと、実行委員会の生徒と一緒に作り上げることに喜びを得ること、全学年の教員や生徒に説明しながら調整することに充実感を得ることもあるでしょう。

通常の担当以外にも生徒指導や教育相談の場面で、教員の言葉かけや接し方により、生徒の考え方や行動が良くも悪くも変化し、その後の人生に影響を及ぼす可能性があります。すぐに成果が出る指導や支援ばかりではないので、本書を伴走者にしながら、生徒との関わり方を身に付けていきましょう。

本書の使い方

本書は、現役の高校教師が集まって執筆したものです。様々な校種や地域の教員が、これまでの経験をもとにこれからの時代に必要となる指導や支援の方法をまとめました。理論は学習指導要領「特別活動編」や『生徒指導提要』、国立教育政策研究所の調査結果などを参照していただき、実務や実践部分は本書で身に付けられるようにしています。

４月から３月までに生徒指導や教育相談を行うときに気を付けることなど、時期別になっています。各テーマのタイトルの近くには、含まれる情報の手がかりとして、「＃」（ハッシュタグ）でキーワードを付けました。忙しいときは、小見出しや下線を引いた文章を読むだけでも十分です。

未来の担い手である生徒のために、指導や支援の方法を共有し、全国の一人でも多くの生徒や教員が充実した日々を過ごせることを願っています。

「高校教師のための
生徒指導・教育相談」

第1章 4月（年度初め）

第2章 5月～6月

第3章 7月～8月（長期休業前）

第4章 8月～9月（長期休業～明け）

第7章 年度末

第1章

4月

（年度初め）

April

信頼関係を築くことからスタート！

年度当初は、生徒指導において非常に重要な時期です。学年やクラス、授業などで、校則や授業規律など細かいルールのガイダンスがあります。生徒指導担当として、どのような心がけで始めればよいでしょうか。

まずは配布資料に目を通す

新年度から校則が変わることも多いので、きちんと確認をすることが何よりも大事です。前年度を踏襲している資料なども、変更できていない部分があるかもしれません。丁寧に確認してトラブルを防ぎましょう。

信頼関係を築くために生徒と対話する

４月は生徒たちも緊張や不安がありますし、目立ちたいなどの気持ちもあったりして、浮き足立っていることも多いです。まずは**対話を通じて、受容と共感の気持ちで接する**のがよいでしょう。

NGなのは、生徒の話を聞かずに一方的な指導をすることです。「最初は生徒たちを締めたほうがよい」という発言を聞くことがありますが、まだ信頼関係もできていない時期なので、**話を聞かずに対応すると今後の関係性にも悪影響が出てきます**。厳しく指導しなければいけない場面でも、対話を挟みながらスタートするようにしましょう。

誠実な対応を心がける

４月の対応はとても大事ですが、お互いに間違えることもあります。異動などで新しい顔ぶれになり、緊張感もあるでしょう。間違えた場合は、素直に謝るなど、誠実な対応を心がけて、生徒と丁寧に向き合いましょう。

April ●●

中学校からの引き継ぎは抜かりなく

中学校からの引き継ぎは新１年生のスタートを切る上で不可欠です。どのような点に注意したらよいでしょうか。

✦｜中学校の担当に電話などで話を聞く

地域によっては、一つの中学校からまとまった人数が進学してくるケースもあります。

クラス編成を検討する際には、生徒の組み合わせとして、クラスを分けたほうがよい場合などもあります。中学校の３年生担当などに電話やオンラインなどを活用し、文面では聞きにくいことも丁寧に確認していくことが大切です。

✦｜確認漏れがないようにリストを作っておく

今後の高校生活にも大きく関わるので、可能な範囲で、保護者関係などを含む家庭環境、生活指導上の問題、特別支援教育の必要度、言語のレベルなど、指導上必要な項目を聞きましょう。

事前に、学年などで何を確認するのかについてまとめておき、確認漏れなどがないように進められるとよいですね。

✦｜管理を徹底しつつ見やすくしておく

得た情報は、クラス編成のときや、担任などが必要に応じて確認できるように、資料としてまとめておくとよいでしょう。

資料については、生徒の個人情報にも深く関わる部分なので、漏洩や紛失がないように管理を徹底しましょう。この作業は年度末に行うことが多いので、なるべく負担にならないように、協力・分担して進めて、よいスタートにつなげましょう。

April ●●

キャリア・パスポートを生徒理解に活用する

キャリア・パスポートとは？

キャリア・パスポートは『高等学校学習指導要領（平成30年告示）』において、教育課程に位置づけられました。「……学校、家庭及び地域における学習や生活の見通しを立て、学んだことを振り返りながら、新たな学習や生活への意欲につなげたり、将来の在り方生き方を考えたりする活動を行うこと。その際、**生徒が活動を記録し蓄積する教材等を活用すること**」と示される部分で、「生徒が活動を記録し蓄積する教材等」にあたるのがキャリア・パスポートです。

名称や様式はまちまち

小学校から高校までの12年間を記録して蓄積するものなので、高校に入学してくる段階では**小学校と中学校の９年間の記録が生徒の手元にある**と想定されています。

しかし、キャリア・パスポートは、各自治体の教育委員会によってひな型が作られて全員が同じものを持っていることもあれば、学校によって様式が異なる場合もあります。生徒がキャリア・パスポートの名称自体を知らないこともありますし、独自の名称がつけられている場合もあります。

積極的に生徒理解に役立てる

いずれの場合も、４月前後に中学校から送られてきた生徒に関する書類等と併せて確認し、生徒理解に役立てましょう。これまでの活動や成長を事前情報としてとらえておきます。

先入観を持ちたくないという場合は、生徒の様子を見ながら、小・中学校で学習したことや体験してきたことをもとに、高校生活でどのような目標を立てるのか、生徒理解の材料の一部として活用してみてもいいでしょう。

校則に関するトラブルを防ぐ

学校にはさまざまな校則（約束事・きまり）があります。校則は生徒たちの学校生活にダイレクトに関わるものなので、とても大事です。トラブルにならないために、以下のようなことに気を付けましょう。

丁寧に確認し、生徒にも共有する

１年生は、中学校から環境が変わるため、詳細な説明が必要です。２・３年生は年度が替わり、新たに追加・修正された校則もあるでしょう。年度が替わる前に、生徒指導部からの配布資料を丁寧に確認しておくことが必要です。

生徒に配布する資料があれば、「きちんと管理して、適宜確認ができる状態にしておこう」と伝えましょう。**教室に掲示して、生徒も教員もいつでも確認できる状態に冊子を置いておくとよい**でしょう。

学校には明文化されていない校則も多々あります。長く勤めている教員に、過去の事例やよくある問題などを聞き、よくある勘違いなどは生徒にも共有しておくと、トラブルを防げるでしょう。

校則を巡る些細なトラブルに注意する

生徒は、教員が予想しない行動をすることがあります。想定外のものを学校に持ってきたり、ルールのギリギリを攻めたりしたがる生徒たちも一部存在します。**もし判断に迷う場合や、配慮が必要な事項などがあれば、事前に相談を受けることを伝えましょう**。

校則の具体的な事項の確認も大事ですが、**学校生活を通じて、生徒たちにどのようになってほしいのか、教員としての想いも語りながら、信頼関係を構築**できるとよいですね。

April ●●

#面談

頭髪指導はバックグラウンドを理解してから行う

学校により、年度当初に頭髪指導をしていることがあります。実施の是非については賛否ありますが、ここでは実施する学校を例に注意すべき点を紹介します。

✦ | 学校の基準や指導の進め方を確認する

頭髪指導を実施する例として、学年集会などで一斉に実施する場合や、課題テストなどの試験監督をしながら気になる生徒をチェックし、あとで呼んで指導する場合などがあります。

年度当初は、生徒も教員も互いのことがまだわからず、信頼関係も築けていません。名前と顔を見ただけではその生徒がどのようなバックグラウンドを持って生きてきたのか、どのようなことに注意して接するべき生徒なのかなど判断することができません。その状況で、**校則等で定められている髪型以外をしてきたからといって、頭ごなしに注意することはやめましょう**。生まれ持った体質や宗教上の理由、母国の習慣などで学校の基準に従えないかもしれないからです。**生徒の事情を聞き、慎重に進めていく必要があります**。学校としてどのように指導を進めるのか、生徒指導部に確認したり、個別の事項については相談したりしましょう。

✦ | 時代と共に変化する頭髪指導

制服や校則の見直しと共に、頭髪指導も変化してきています。これまでは地毛証明書を出させたり、染色・脱色の有無を調べたりしてきました。しかしこれからの時代、**社会的に正当な指導なのか**ということを念頭において指導を振り返ることが必要でしょう。

April ●●

#保護者　#ICT

ネット・スマホ・SNSの指導

スマートフォンやタブレット端末、パソコン等が普及し、誰でも何でも検索できる時代です。また、日常の学習においても情報端末を活用する場面が増えている今、情報モラルに関する教育や指導が重要です。

不特定多数の人とつながる可能性

インターネットは、生徒が不特定多数の人とつながるきっかけを作るだけでなく、思ってもいないようなトラブルを生み出すこともあります。**生徒が発信した内容によっては加害者にも被害者にもなりうることを伝えていきましょう**。警視庁や各自治体が制作した動画などもあるので、これらを活用し、注意喚起することもできます。

また、日常的にSNSでつながっている生徒に対しては、使い方によってトラブルを生むことになったり、いじめにつながったりすることを繰り返し指導します。SNS上とはいえ、**学校内の友人関係のトラブルは、学校外の問題として切り分けづらく、被害者が警察に相談した場合、警察と学校が連携して対応しなければならないことも多い**です。教員や保護者の見えないところで起きている問題を、いかに未然に防ぐかがポイントです。

学校の指導だけではなく家庭との連携が必要

スマートフォンの使用については、**学校で指導するだけでなく、家庭でもルールを決めてもらうように保護者会等で伝えていきましょう**。常に持っていないと落ち着かないくらいの依存性、友達とつながっていないといけないという強迫観念を持つ生徒もいますが、「使用は○時まで」「食事中は見ない」「勉強中は別の部屋に置く」などと家庭内で決めることも有効です。

ネットモラル教育は具体的に行う

SNSが一般化したこの時代に、ネットモラル教育は重要です。無許可の撮影、誹謗中傷、いじめ、わいせつ、闇バイトなどさまざまな問題が起こり得ます。社会で話題になった事例をもとに、可能な範囲で学校の過去の事例や身近な事例など、具体的な話をしましょう。

専門家の講演会では要望を伝えておく

ネットモラル教育は具体的であることが大切です。**なるべく踏み込んだ話をして注意を喚起しましょう**。また、一方的な説明ではなく、クイズ形式にして生徒に答えを聞いたり、なるべく双方向性のあるやりとりを盛り込んだり工夫しましょう。警察や民間企業など、専門家を呼んで講演を実施する場合は、事前にスライド資料を送ってもらい、上記の要素を盛り込むように要望するなど、講演会を丁寧にコーディネートすることが必須です。**丸投げの依頼では、学校側の要望や生徒の実態などと合わないことが出てきてしまいます**。

講演会の中に教員が話題提供をする時間を設けたり、専門家との対談形式にしたり、生徒が気になりそうなことを事前に盛り込むのもよいでしょう。

教員の願いも同時に伝える

年度当初に講演会を実施する場合は、教員が前に立って全体に話すことも有効です。生徒たちとの信頼関係を作る機会にもなるとよいですね。

学校内では、人間関係による誹謗中傷、無許可の撮影・拡散などのネットトラブルが発生することがあります。これらの原因は軽いノリや周りへのアピールが動機であることも多いです。注意喚起を基本としながらも、どのような学校生活を送ってほしいのか、教員の願いを伝える機会になるとよいでしょう。

April

自転車に関する法律や過去のトラブルを確認する

学校にもよりますが、通学手段として、自転車を使う生徒も多いです。自転車の基本的なルールとよくあるトラブルについて年度当初に確認しておくとよいでしょう。

自転車事故で死亡するリスクを伝える

自転車は車両として扱われます。法改正によってさまざまなルールも新しく設けられました。**交通マナーを守らない場合は、重大な事故につながり、加害者や被害者にもなることがあります。また警察の指導を受けることもあるので、十分な注意が必要です。**

近年、ヘルメット着用の努力義務化やスマホの画面を見ながらの運転、イヤホン着用走行などが禁止されています。自転車はロードバイクなどのようにスピードが出るものもあり、事故で死亡するリスクも高いです。

ヘルメットは命を守るために着用するように促しましょう。ヘルメットを着用することに抵抗感のある生徒もいますが、頭部の損傷を軽減できるという検証結果も提示して同時に伝えましょう。

その他のトラブルについても具体的に明示する

学校周辺や近隣住民とのトラブルでよく起こりがちなのが、並走して道を占有してしまうことや、歩道に近いところでのスピードの出し過ぎなどです。学校で安全講習会を行う場合は、**自治体内で起こった事故や、過去在籍していた生徒のトラブルなど**を具体的に挙げて、どのようなトラブルが起こるのか、具体的に明示しましょう。

その他、二人乗りやハンドルなどを改造した自転車、傘さし運転の禁止、車道走行、左側走行など、一般的な注意も合わせて継続的に指導しましょう。

子どもの権利について知っておく

子どもの権利は令和５年の「こども基本法」の施行にともない、その重要度が高まってきています。生徒を支援する上で、基本事項を押さえておきましょう。

✦｜生徒指導提要にも明記されている４原則

令和４年に改訂された生徒指導提要にも、子どもの権利の４つの一般原則（**差別の禁止、子どもの最善の利益の保障、生命・生存・発達の保障、意見表明権**）が明記されました。今後の教育を考える上で、子どもの権利はとても重要です。

✦｜「意見表明権」を保障する

特に意見表明権は学校生活にも大きく関わります。子どもには自由に発言し、発言が尊重される権利、意思決定に参加する権利があります。子どもの意思・発言を代弁する「アドボカシー」などの言葉も広まってきました。学校生活における校則の見直し活動や、学級活動、生徒会活動などの民主的な活動など、**さまざまな場面で子どもの意思・発言が尊重されることが不可欠になってきています**。

✦｜生徒は権利の主体だと認める

もちろん子どもの意思・発言を聞くといっても、全て子どもたちの意思・発言通りにするという意味ではありません。ですが、**まずは意見を聞くことが重要です**。その後、それらを吟味し、調整につなげましょう。

生徒指導の場面以外でも、学校生活全体を通して、子どもたちを権利主体として認め、教育活動を進めていくことがよいでしょう。

April

アンガーマネジメントについて知っておく

アンガーマネジメントとは、**怒りをコントロールするための方法、スキルです**。

怒りの感情はどのように起こるのか

新しい年度が始まってしばらくすると、緊張しつつ周囲を様子見している生徒たちは、新しい友達や教員との関係を築いていく上で、多少なりとも不安を抱きます。例えば、「私はここまでやっているのに、こう考えているのに、どうして相手は理解しないのだろう。でも、直接相手には言えない」などといったケースです。

不安は徐々にストレスとなって、それを抱えたまま学校生活を過ごすこともあります。そうすると、何らかの衝動によって怒りの感情が爆発し、人間関係のトラブルに発展することがあります。このような状況をできるだけ防ぐために、生徒、教員双方にアンガーマネジメントの視点が大切になってきます。

感情をため込まないような環境を一緒に作る

それぞれが「今、どのような不安があり、どのような場面で怒りが表出するのか。その怒りの形（言葉、態度など）はどのようなものなのか」などを考え、共有できたらよいのですが、こうした自己開示は心理的なハードルが高いといえます。最も大事なことは、**「場」を破壊するような言動や行為は絶対に避けるようにすることを、教員と生徒双方が確認しておくことです**。

自己の感情を表に出せるような、安心で安全な環境を整えていくことの重要性を確認しましょう。生徒と教員が協働して、どのようにすればそうした環境を作ることができるかを考えて実行できたらよいですね。

April

起立性調節障害について知っておく

「起立性調節障害」とは

起立性調節障害（Orthostatic Dysregulation, OD）とは、思春期に発症しやすいからだの病気の一つです。

主な症状には、頭痛・立ちくらみ・めまい・失神・動悸・倦怠感・朝起きられない・夜眠れない・腹痛・吐き気・食欲不振などがあります。これらの症状は、午前中に強く表れます。そのため、**学校の遅刻や欠席につながりやすく、思春期の子どもたちの生活に大きな影響を与えます**。

発症しやすい時期を知っておく

起立性調節障害は、**特に梅雨から夏にかけて発症する人が多く**、低気圧や暑さが関係しているという報告もあります。また、時期的に五月病から起立性調節障害を発症してしまうこともあります。その他にも①思春期特有の自律神経バランスの乱れ、②学校生活によるからだへのストレス、③人間関係による精神的ストレス、④運動不足、⑤日常生活における水分摂取不足などが原因で発症する場合もあります。

発症しやすい子どもの特徴を知っておく

発症しやすい子の特徴としては、周囲に合わせすぎてしまう、自分の考えを押さえこんで仲間の意見を優先してしまう、成績も良く真面目に授業を受けているなどとされています。その他にも何かを我慢したり、溜め込んだりすることも発症の要因の一つと考えられています。

午前中の授業をよく遅刻や欠席をする生徒がいたら起立性調節障害の可能性もあるかもしれません。生徒の状況を周りの教員とも共有し、必要に応じて医療機関につなぎましょう。

教育相談体制を作るには

教育相談は生徒指導の一環として位置づけられています。生徒の社会的自己実現の力を育むという点では同じですが、教育相談は「受容的な援助」を重視し、生徒指導は「毅然とした指導」を重視する傾向があるため、時に見解の違いが顕在化する場合があります。

「ちょっとした風邪くらいで学校を休むのは甘え」「遅刻は怠けなので指導が必要」のような強い指導を正解と考える教員が多いときは、教育相談体制を構築するのが難しくなります。

校内で教育相談体制をつくるためには、教員同士が連携しつつ「毅然とした指導」と「受容的な援助」を柔軟に使い分けることが欠かせません。具体的には、「自分の価値観に固執せず、生徒の実態をアセスメントして方法を選択する」「状況に応じて指導や援助のアプローチを変化させる」「どのタイミングで何が必要かを見極める時間的視点を持つ」ことがポイントになります。

教育相談体制とチーム連携の重要性

教育相談を効果的に進めるチーム体制には、二つの形があります。

一つ目は、担任と学年主任、教育相談コーディネーターを中心にした少人数チームで、迅速な支援を実行するための体制です。特に、初動段階でのアセスメント、スクールカウンセラーやスクールソーシャルワーカーなど関係者への情報伝達等を行う教育相談コーディネーターとなる教職員の役割が大切です。

二つ目は、スクールカウンセラーやスクールソーシャルワーカー、生徒指導主事など多彩なメンバーを含む支援チームです。**これらのチームが連携し、管理職への報告を行いつつ、必要に応じて情報を共有しながら現場裁量を認め合うことが機動性を高めるカギになります。**

April ●●

教員のカウンセリングマインド

✦ | ガイダンスとカウンセリングの両立による支援

多くの生徒が人間関係の悩み、学習面や心理面などの不安を抱えています。生徒の状況や学校の実態に応じて、集団の場面で必要な指導や援助を行う「ガイダンス」と、一人ひとりが抱える課題に個別に対応する「カウンセリング」を実施し、生徒の行動や意識の変容を促し、発達を支えることが大切です。

生徒と直接関わる教員全員がカウンセリング技法を学ぶことが重要ですが、まずは担任や学年主任、教育相談コーディネーターは、**カウンセリングの基礎となる「傾聴」の方法を身に付けておくとよいでしょう**。

教員は自分の経験や価値観に基づいて生徒の状態を判断しがちで、生徒を指示的に導こうとする場合があります。これはカウンセリングを通じた「支援」ではなく、一方的な「指導」に過ぎません。カウンセリングでは、まずは受容から始め、生徒の感情を否定も肯定もせず丁寧に話を聞くことが大切です。

✦ | 傾聴の実践と個別相談の重要性

生徒一人ひとりの生活や人間関係などで生じる悩みや迷いを受け止め、自己の可能性や適性への自覚を深める働きかけを行います。必要に応じて適切な情報を提供し、生徒が自らの意志と責任で選択し決定できるように個別に相談・助言をします。そのためにも、**教員は「傾聴」を通して生徒の感情に寄り添いながら、自分の価値観を脇に置く態度が求められます**。

こうした支援の基盤となるのは、学校全体でガイダンスとカウンセリングを学ぶ研修です。生徒が安心して悩みを打ち明けられる環境を作れるように、管理職や教育相談コーディネーター、分掌等が中心となって研修を実施し、**教員のカウンセリングマインドを育てることが、教育相談を構築するには不可欠と言えるでしょう**。

April ●●

発達障害かなと思ったら…

インターネット等で調べると、生徒自身が「私は発達障害かも」と思うようなチェックリストがあります。生徒が人間関係のトラブルや学校生活に適応できないことを発達障害だと思ってしまうこともあります。しかし、**発達障害は先天的な脳機能の発達が関係する障害です**。安易な決めつけではなく、**診断と適切な療育（支援や治療や訓練等）によって、社会に適応する能力を身に付け、生きづらくなくなっていく**ものであることを伝えましょう。

✦ | 発達障害の診断のある生徒への対応

生徒が学校生活に支障をきたす場合や困り感が強い場合は、組織的な支援が必要です。その際、これまでの生活で何らかの診断がされている場合と、診断はされていないが発達障害と疑われるグレーゾーンの場合で、対応が異なります。

「診断されている場合」は、生徒が服薬をしているのか、中学校や家庭がどのような支援をしてきたのか確認することから始めましょう。その上で、高校生活ではどのようなことに配慮が必要なのかを明らかにしていきます。

✦ | グレーゾーンの生徒への対応

「グレーゾーンの場合」は、**養護教諭やスクールカウンセラーに相談してみましょう**。特別支援学校の巡回相談などもありますので、授業中の生徒の様子や行動を観察してもらうのもよいでしょう。

これらの連携や手配は、学年主任や管理職と相談しながら、その分野を得意とする専門家に依頼していきます。生徒や保護者の要望も踏まえて、適切にサポートしていきましょう。

発達障害ごとの特性

✦ | 発達障害に関する理解と背景

発達障害は医師の診断が必要ですが、診断の有無にかかわらず、多様な背景を持つ生徒の実態に合わせて教育支援体制を整えるためにも発達障害への共通理解が重要です（生徒指導提要（令和４年）第13章が参考になります）。

発達障害は、生まれつきの脳機能の違いにより、対人関係や学習面、行動面などに特徴が現れる状態を指します。能力に偏りがあるため、得意分野があれば苦手分野もあります。**苦手な部分が努力不足などと誤解されると、つまずきや失敗が重なり、暴力行為や不登校などの二次的問題を引き起こしかねません。**見えている現象だけでなく、背景や要因にも目を向けることが大切です。

✦ | 発達障害ごとの特性について

①自閉症スペクトラム症（ASD）　対人関係やコミュニケーションの障害、特定の行動や感覚へのこだわりなどの特性を持ちます。相手の気持ちを推し量ることが苦手で、抽象的表現や先の見通しが立たない状況に不安を抱きます。予想外の出来事が多い学校生活では大きなストレスを感じる場合があります。

②注意欠陥多動性障害（ADHD）　年齢や発達段階に合わない注意力の不足や衝動性、多動性を示し、社会や学校生活で困難が生じやすい状態です。早合点やうっかりミスが多く、友人関係の維持にも苦労しがちです。叱責を受ける機会が多いため、自己肯定感が下がりがちです。

③学習障害（LD）　知的発達に遅れはない一方で、聞く、話す、読む、書く、計算する、または推論する能力のうち、特定の能力の習得と使用に著しい困難を示します。できることとのギャップが大きいため、努力不足と見られがちです。失敗経験が積み重なると、学習意欲や自信の低下につながります。

精神疾患を持つ生徒への支援

中高生の精神疾患は増加傾向にあり、発達障害と併発している場合があります。病気と診断されていなくても、不安、抑うつ気分、不眠などから少しずつ悪化していくことがあります。**憂鬱な気分が長く続く、意欲が減退する、自己評価が低下する、授業中にぼんやりしている、居眠りが増える**―というようなときは、うつ病の入口の可能性があります。生徒の発言や行動を観察し、これまでの様子と違うと気付いたら「食事は取れているか」、「よく眠れているか」という基本的な確認をしましょう。この質問から日頃の生活について少しずつ踏み込んだ会話をしていきます。

✦ | 定期健康診断の結果を参照する

また、このような様子がある場合は養護教諭に相談し、**定期健康診断の体重測定の結果を確認します**。急激に体重が減少・増加している場合、摂食障害の可能性があるからです。その他、リストカットや統合失調症、過呼吸やパニック症などを発症することもあります。

✦ | 専門家につなぎ、生徒と保護者の意向を聞く

教員は専門家ではないので、スクールカウンセラーや学校医から医療機関を紹介する体制を取ります。医療機関は、思春期外来や高校生の診察を得意とする心療内科、精神科の病院などがありますが、**生徒と保護者でよく話し合った上で受診・投薬をするかを決めてもらいましょう**。

服薬を始めると副作用が出て、学校生活に影響が出る場合があります。どのような配慮が必要なのか、欠席や遅刻が増えた場合は学校としてどのように対応するのか等を、事前に確認しておきましょう。

April ●●

日本語支援が必要な生徒への対応

昨今、外国につながりのある生徒が増加しています。その中には日本語を習得しておらず、高校の授業についていけない生徒もいます。このような生徒に対して、どのように対応をしていけばよいでしょうか。

✦ |「これくらいはわかるはず」は禁物

通常、授業は日本語で進めていますし、教科書も日本語で書かれているものを使っていると思います。「できるだけ教科書に沿って、丁寧に板書をすれば大丈夫」と思いがちですが、実は授業内容を全く理解していないという生徒も多いのです。**そのような生徒がいる場合、漢字にルビを振ったり、事前に教科書の範囲を指示し、母国語で理解しておいてもらうという工夫が必要です。**

✦ | 学校生活で配慮するべきこと

授業だけではありません。例えば、急な授業変更があった場合等、日本語を理解していないことで、生徒が混乱してしまうこともあります。また、修学旅行などで、指定場所に辿り着けなかったり、そもそも日本語がわからないから参加しないという生徒もいます。言葉の壁によって教育活動に参加できなくなるのは避けたいものです。

外国にルーツがあるかどうかにかかわらず、日本語支援が必要な生徒には、口頭だけではなく、文字で示し、漢字にルビを振って見せます。また、校内ネット上の掲示板等に示し、特に重要なものは生徒に個別に説明したりするなどして、理解をサポートしていきましょう。

また、各自治体や教育委員会等で、日本語支援員や通訳の派遣、日本語指導に関わる支援金を出している場合があるので確認してみるのもおすすめです。

April

中途退学する生徒への指導と支援

中途退学には、自主的な退学と懲戒処分による退学があります。退学は校長が行う処分であり、その手続きも校長が定めることとされています（学校教育法施行規則）。中途退学の対象として、①性行不良で改善の見込がないと認められる者、②学力劣等で成業の見込がないと認められる者、③正当の理由がなくて出席常でない者、④学校の秩序を乱し、その他学生又は生徒としての本分に反した者、が挙げられています。

ここでは生徒指導に関する項目として、④の対応について紹介します。

中途退学になる「学校の秩序を乱す」とはどんな場合か

「学校の秩序を乱す」とは、校内において問題行動を起こすことを意味します。例えば、**暴力行為やいじめ、反社会的問題行動（窃盗・恐喝など）**を起こすと、人間関係だけでなく、周囲にも大きな影響があります。

被害生徒が警察に届け出た場合は、他の生徒にも聞き取りが行われるなど、**学校全体の教育活動にまで影響を及ぼす可能性もあります**。このようなときは校内の指導体制や支援体制を整え、問題の対応に当たることが求められます。生徒指導部や校内の内規を確認し、共通認識を持って指導に当たりましょう。

中途退学、できるだけの支援を

校内で問題行動が起きた場合、加害生徒と被害生徒の両者の言い分を整理することが必要です。**被害生徒のケアをするだけでなく、加害生徒には問題行動について反省を促すことが大事です**。そして、中途退学の処分となった場合は、進路相談や転学の助言、学校外の相談機関や福祉サービスの紹介など、できる限りの支援を行いましょう。

生徒が納得する指導を行う

「生徒のためを思って指導をする」、これはいつの時代も変わらないでしょう。しかし、指導を受ける側の生徒がその指導を「ありがたい、ためになった」と思うのはかなり先のことが多いです。

教員がよかれと思ってした指導が、生徒を傷つけたり、納得がいかず教員や学校、大人や社会への不信感につながったりすることがあります。生徒の誰もが納得できる指導は実際には難しいのですが、**指導される生徒にある程度の「納得感」がないと、表面を取り繕っただけの指導や反省となってしまい、生徒と教員の信頼関係に溝が生まれます**。またその指導がきっかけで学校に来られなくなったり、反抗的になったりすることも考えられます。

｜生徒が納得するように説明をする

生徒には、なぜ指導するのか、何をしてはいけなかったのか、ということを淡々と説明することが大切です。語気を荒げたり、学年団の教員で囲んで生徒ひとり対複数の教員で指導をしたりするのは適切ではありません。気合いの入りすぎた指導は時に威圧的であり、生徒に恐怖感を与えることがあります。

教員は**「この指導は適切なのか」、ということを常に意識**した上で指導にあたる必要があります。

｜間違った行為にスポットをあて、内省させる

生徒を委縮させるのではなく、生徒自身が内省し、次に生かせるようにすることが指導の目的です。例えば反省文を書かせるときは、罰として書かせるのではなく、今後の学校生活や人生に意味をもたらすように指導をします。**生徒の人格を否定したり、一方的に説教したりするのではなく、間違った「行為」についてのみ指導をするという意識を強く持って指導にあたりましょう**。

April

#教育相談　#ICT

生徒指導・教育相談をする上での注意

「先生に相談したいことがあります」と生徒が言ってきたとき、どのように対応するのがよいでしょうか。

✦ | 生徒指導の基本は、複数教員で対応すること

生徒指導や教育相談の基本は、**「生徒ひとりに対して複数の教員」で対応すること、閉鎖的でない環境で行うこと**です。その理由は、もしその生徒が突飛な行動をしたときに、生徒を守るだけでなく、後々、問題がこじれたときに「言った・言わない」を避け、教員を守るためでもあります。第三者が同席し、誰にでも公平な場で指導や相談をしていることが必要なのです。生徒から「二人きりで話したい」と言われても、「聞き役と記録役が必要だから教員２名で話を聴く」と伝えるとよいでしょう。

✦ | 生徒や保護者の問題をひとりで抱え込まない

たとえ手紙や電話等で生徒や保護者の困りごとの情報をつかんだとしても、それを教員ひとりで抱え込んではいけません。自分だけに話してくれた秘密の内容であっても、相手に近づきすぎたり、感情移入してしまうと、冷静な判断ができなくなってしまいます。それだけでなく、不適切な指導や個人的な関係になってしまう可能性もあります。

特に、命に関わる情報は、生徒を守るために秘密にはできないことを断った上で共有します。もしくは生徒には秘密にすると約束しつつ、教員だけで極秘事項として扱います。

そして、常に**録音・録画・公開されても困らない生徒指導・教育相談か、という視点で見直してみるとよいでしょう**。乱暴な言葉遣いや高圧的な対応をしていないかどうか、教員同士で確認し合うとよいでしょう。

#教育相談　#面談

アセスメントテストの活用

生徒の内面的な適応状況やクラス内の人間関係などを評価する教育心理系のアセスメントテストを実施している学校もあるでしょう。生徒指導や教育相談の場面で学年全体の傾向をつかみ、適切な対応を計画したり、生徒の変容を確認したりすることができるので、積極的に活用するといいでしょう。

代表的なアセスメントについて知る

代表的なものを二つ紹介します。

『学級づくりのためのQ-U入門「楽しい学校生活を送るためのアンケート」活用ガイド』（田上不二夫監修、河村茂雄著、図書文化社）は、クラス全体の人間関係や学習環境を把握し、生徒間の友人関係、クラスの雰囲気、学校生活への満足度などを評価できるアセスメントです。また、いじめの兆候や集団の課題を早期に発見しやすくなります。

「**学校適応感尺度ASSESS**」（公益社団法人学校教育開発研究所）は、生徒の学校生活への適応状況を評価するもので、学習面、対人関係、情緒面、行動面の適応度を総合的に把握できます。問題の早期発見と個別支援の計画に活用できるアセスメントです。

検査結果を有効活用する

これらのアセスメントを通して、生徒が教員に見せる姿と、実際に悩みや困難を抱える生徒像とのギャップに戸惑うことも多いです。**検査結果から支援が必要な生徒には、分析を行った教育相談の担当教員から担任に面談をするように伝えて、早めに信頼関係を形成するよう心がける**とよいでしょう。

ただし、生徒の内面に踏み込む心理検査にもなりますので、個人情報の扱いはくれぐれも慎重にすべきです。

最初の授業で進め方や評価について伝えておく

年度初めの一番最初の授業を「授業びらき」と言います。生徒は「どんな先生なんだろう」「どんな授業になるのかな」等、期待と不安が入り混じった気持ちでいるでしょう。もちろんそれは教員側も同じです。新しいクラスで授業をするのは、何年経験しても緊張するものです。そんな緊張している初日に教員はどんなことに気を付けて「授業びらき」するとよいでしょうか。

✦ | 教員の自己紹介をする

まずは、**自分が何者であるのかをクラスの生徒に伝えることです**。例えば、「自分が高校生だったときの話」や「所属していた部活動の話」など、生徒にも関係があって想像できるものがよいですね。最初なので質問を受け付けてもよいかもしれません。基本的には1年間ずっと担当は変わらないので、ここで人となりを伝える必要があります。教員によっては、生徒にも自己紹介をさせる場合もあります。

✦ | 授業の進め方や評価の方法について周知し、生徒との無用なトラブルを避ける

その次は、授業の進め方についてです。この授業は、教科書とノートで進めていくのか、もしくはプリントが毎回配布されるのか、タブレット端末で全て完結するのか等、授業で使用するものやその進め方を伝える必要があります。最初に伝えておくことで生徒の不安はなくなります。

そして**重要になるのは「評価」の方法についてです**。「評価」について最初に話しておかないと、「テストで良い点数を取ったのに、なぜ評価が悪いのか」、「小テストが評価に入るなんて聞いてない」等の不満が起きてしまいます。場合によっては、その後の授業に出席しなくなるというようなこともあります。進級や、進路等にも関わってくるので、しっかりと伝えておきましょう。

April ●●

年度初めの二者面談は傾聴に徹する

年度初めの二者面談は、教員と生徒が初めて二人で話す場です。ここではどのようなことに気を付けたらよいでしょうか。

✦ | この時期の生徒の状態を知っておく

年度初めは、クラスの環境が変わったり、友達と違うクラスになったりと心理的な不安を抱える生徒が多い時期です。「前のクラスのほうが仲のよい子が多かった」「部活動の仲間がひとりもいないクラスで嫌だ」等、**この時期の生徒たちはさまざまな悩みや不満を持っています**。この二者面談では、そういった生徒の悩みや不満を徹底的に聞いてあげましょう。

✦ |「話をする」のではなく、「話を聴く」

相手の立場に立って、共感しながら相手の話を聴く行為を「傾聴」といいます。**傾聴することで、生徒は自分の中に持っていたつらい部分を吐き出すことができ、生徒と教員の信頼関係も生まれる**ことでしょう。失敗してしまいがちなのは、前の担任から得た情報をもとに先入観で見てしまったり、その情報を当該生徒にもらしてしまったりすることです。よかれと思って話した内容が、生徒にとっては知られたくない内容のこともあります。

✦ | 根掘り葉掘り聞かずにさりげなく引き出す

また、生徒と教員の関係性がない状態で、根掘り葉掘り聞いたりするのは、関係性を悪くします。この時期に大事なのは「教員と生徒の関係性作り」なのです。中には、何を話してよいかわからないという生徒もいることでしょう。その場合は、学習状況や、友達関係、部活動や授業についてなど、さりげなく話を引き出していきましょう。

生徒指導部としての保護者との関わり方

年度当初の保護者との関わりは非常に重要です。というのも、高校の場合、保護者の方と何度も会ったり、話したりすることが少ないので、年度当初の印象がそのまま1年間の学校の印象になります。生徒指導部として保護者に関わる際には、何を伝えたらよいでしょうか。

✦ | 校則について説明する

校則について説明する必要があります。校則がたくさんある学校では、生徒が頻繁に出くわす校則をピックアップし、説明しましょう。その際、省略した部分に関しては、必ずどこに校則の記載があるかを伝え、いつでも確認ができるように伝えます。その理由は、校則に照らして指導した際「校則について知らされていなかった」という話がよく出るからです。

✦ | 教員が説明できない校則は、生徒も納得しない

校則については、昨今さまざまな学校で見直しがされています。その理由は、時代の流れとともに不要になった校則が、そのまま残されていたりするからです。ある学校では、「図書館でガムを吐き捨てない」という校則があったそうですが、その行為をする生徒は、ここ数年ひとりもいないので削除した例があります。その校則が作られたときには効果があったのかもしれませんが、今になっては全く必要ない校則だったということです。

これは一例ですが、このように**不要になったものや、教員が説明できない校則などは見直す必要があります**。生徒や保護者に確認を求められた際「私もよくわからないのですが、校則で決まっているので……」というような回答をしないようにしましょう。

教員のNG言葉と、OK言葉への言い換え

生徒指導や教育相談の際、生徒のためを思ってつい感情的になり、気付かないうちにNG言葉を使っていませんか。何気なく使った一言が生徒を追い込んだり、反発を招いたりすると、信頼関係が崩れるだけでなく、学校や教員、人に対する不信感につながることもあります。一方的に決めつけたり、大声で叱ったり、意見を聞かなかったりすることは、生徒が思考し、成長する機会を奪うことになります。生徒の反応を待つことは時間と労力がかかりますが、生徒を尊重することによって、自尊感情や自己肯定感が醸成されていきます。

以下は一例ですが、日頃の指導の場面を振り返り、生徒の感情に寄り添って、意識的にOK言葉を選択していきましょう。

場面「生徒が」	教師のＮＧ言葉	教師のＯＫ言葉
遅刻してきた	「なぜ遅刻したの？」	「何かあったのかと思って心配したよ」
言い訳をする	「言い訳は聞きたくない」	「あなたはそう思ったのだね」
問題行動を起こした	「反省しなさい」	「何が悪かったか、一緒にじっくり考えてみよう」
何度注意しても過ちを繰り返す	「いつも言っているよね？」	「〇回言ったよ。あなたなら直せると信じているから言っているんだよ」
やる気がない	「やる気ないんでしょ？」	「100％のうち、今のやる気は何％だろう、どうやったら100％に近づけられそうかな？」
指導されて黙っている	「黙っていてもわからない」	「考えがまとまったら教えてほしいな」 「今、頭の中にある単語を言ってみようか」 「紙に書いた方が整理しやすいかな？」
行事の準備が遅れている	「いつまでにできるの？」	「今～（できたところ）まで進んでいるね、残りは何が残っているかな？」
欠席が増えてきた（不登校傾向）	「なぜ学校に来られないの？」	「学校に来られない原因や気になることがあるかな？」
つらいと言う	「つらいのはみんな同じ」	「あなたは～（生徒が言った言葉を繰り返して）がつらいのね」
気持ちが落ち込んでいる	「元気を出しなよ」	「あなたが元気なときを10としたとき、今はいくつくらい？」
頑張れない	「頑張ってみようよ」	「～（具体的にできたこと）を頑張っているね、もう少しやれそうなことはあるかな？」
その生徒だけできない	「他のみんなはできていることだよ」	「あなたが達成できたところはどこまでかな？もう少しできそうなことはあるかな？」

第2章

5月〜6月

学校生活の慣れからくるトラブルに注意する

5月から6月はさまざまな行事なども始まり、学校生活が充実していく時期である半面、教員・生徒にとっても疲れが出てくる時期です。4月のスタート時からの緊張により疲れも出てきますし、気候の変化などで体調を崩しやすくなる時期になります。

✦ | 人間関係の変化やトラブルが起こる時期

5、6月になると、部活動や行事などを通じてグループに変化が生まれることが多く、人間関係も変化が生じます。考査の結果で、校内順位なども明らかになり、精神的にもつらくなる生徒がいるかもしれません。

また、**学校生活にも慣れて、トラブルも起こってくる時期です。戒告・謹慎などの特別指導なども状況によっては発生します**。

特別指導については、学校によって対応が異なるので、生徒指導主任や学年主任、管理職などと丁寧に確認して進めていくことが必須です。**生徒への毅然とした対応や、教育相談的な指導など、幅広い対応が必要になってきます**。面談などが始まることも多いので、生徒の話をまずはじっくり聞くように心がけるとよいでしょう。

✦ |「みんなで育てる」という気持ちで取り組む

クラス内ではさまざまな問題が発生するかもしれませんが、学年団や養護教諭、スクールカウンセラー・スクールソーシャルワーカーなどと情報共有をして、**自分だけで情報を抱え込まないようにしましょう**。

学年・分掌の所属を問わず、生徒は「みんなで育てる」という気持ちが大事です。教員の得意・不得意もあると思うので、お互いに声をかけ合い、助け合いながら生徒と関わっていくのがよいでしょう。

May - June

心理的安全性が保たれているかどうか気にかける

GW後は、五月病との戦いといっても過言ではありません。４月からの新しい環境に適応するために感じたストレスが目に見える形で現れる生徒もいれば、本人の自覚がない生徒もいます。

ストレスが重なると適応障害になることも

私たち大人であっても、**新しい環境に適応するためのストレスは相当なものです**。良い人間関係に恵まれていたり、過ごしやすい環境が整っていたりすれば乗り切れますが、そうでないと連休明けに学校に行くのが嫌になってしまいます。ひどい症状だと適応障害になってしまう場合もあるでしょう。

心理的安全性が担保されている環境を心がける

このような状況にならないためには、生徒にどのように対応したらよいのでしょうか。

その第一歩になるのが、「**心理的安全性が担保されている環境作り**」です。生徒が学校にいる間、多くの時間を過ごすのは教室であり、多くの時間を共有するのはクラスの仲間たちです。これらの場所や仲間が安心・安全でないと、非常にストレスがかかります。担任や授業者としては、この意識を持つことが大切です。

また、生徒の様子にも気を付けなければいけません。いつもこの教科のときだけ欠席しているとか、特定の曜日に午後から登校しているなどです。

このような状況が見られたときは、生徒からのサインだと感じ、声をかけましょう。ストレスがかかっているものが具体的にわかるかもしれません。それでも、五月病にかかり、無気力になってしまう生徒はいます。そうした場合は、真摯に受け止め医療機関につなぐなど、適切に対応していくようにしましょう。

May - June ●●

#教育相談

生徒が孤独になってしまうのを予防する

この時期は、4月当初に友達になった生徒から、授業のグループや行事、部活動などを経て仲良くなった友達へと交友関係の輪が広がり、人間関係に変化が出てきます。中には、いつも一緒にいるメンバーが離れてしまい孤独になってしまうこともあります。

✦ | 人間関係の変化はどうしても防げない

1年生に特に多いですが、2・3年生でも新しいクラスになった際に人間関係がうまくいかずに、悩む生徒もいるでしょう。また、時期的に席替えなどを実施することがあるため、仲の良かった友達と席が離れてしまったり、関係があまりよくない生徒と席が近くなったりすることもあります。

さまざまな対策をしても、**どうしても価値観の違いや構造上、これらの悩みを防ぐことは難しい**です。解決のため次の二つの手段を紹介します。

✦ | レクやアイスブレイクを入れて関係構築をする

一つ目は、**レクリエーションやアイスブレイクを入れて、継続的にアプローチする**ことです。生徒同士の関係構築に力を注ぐことで、問題が大きくなることを多少は防ぐことができます。

✦ | 生徒とこまめに雑談をする

二つ目は、**生徒とこまめに雑談をする**ことです。地道ではありますが、悩みを小さくするように話を聞いたり、こまめに対話をしたりすることが、解決策としては有効です。状況によっては、元担任や部活動の顧問、学年の教員、スクールカウンセラーや支援員、養護教諭などの力も借りながら、なるべくひとりで抱え込まないようにするとよいでしょう。

May - June

生徒指導部主任と関係を構築する

生徒との関わり方など、何かと不安な場面もあるでしょう。日頃の生徒との接し方、発生した事案は特別指導の対象になるかなど、指導の方向について悩むこともあるかもしれません。そんなときに頼りになるのは、生徒指導部主任です。

｜生徒指導部主任は頼りになる存在

生徒指導部主任は、学校で起こった過去の事例などにも詳しく、学校全体の具体的な指導の方針を立てる人物です。もちろん学年で対応することを提案する生徒指導部や学年主任などもいますが、過去の事例などについて学年担当や主任が詳しいとは限りません。

生徒指導部主任はトラブルの発生時に、指導の中心となる役割であり、とても頼りになる存在です。日頃からコミュニケーションを取ったり、トラブル関係の相談や、質問などをしたりして関係構築ができるとよいでしょう。

学校の細かいルールについても聞いてみるのもよいですね。きっとあなたの力になってくれるはずです。

｜生徒指導部主任と生徒の様子やクラスの状況を共有する

また生徒指導部主任は、学年に所属していないことが多いので、生徒たち全員を知っているわけではありません。生徒の様子やクラスの状況などについても共有しておくと、主任にとっても状況把握の機会になるので、お互いにとってプラスになります。

責任感から「自分の力でなんとかすべき」と思ってしまいがちですが、主任などの力を積極的に借りることはとても大事なことです。ぜひよい関係を築きながら、お互いに学びのある関係、そして「チーム学校」を作っていきましょう。

#保護者　#教育相談

特別支援教育コーディネーターとの協働

生徒の中には、発達に特性がある子もいます。現代では、発達に特性を持つ生徒たちには様々なサポートを行うことが必要です。

✦ | 特別支援教育コーディネーターや他の関係者と連携する

高校には特別支援教育コーディネーターが設置されていることが多く、特別支援教育の計画・実施などを進める担当がいます。学校によっては、教育相談の担当や養護教諭が兼ねることもあるでしょう。

特に１年生の段階では、中学校からの申し送り事項と照らし合わせながら、生徒の状況を確認することが大事です。三者面談で保護者とも確認し、授業や部活動などの様子を担当教員に聞きながら、情報収集を進めましょう。

注意すべき点は、本人や保護者などに丁寧に確認を進めていくことです。一方的な支援の提案などのトラブルにならないように、管理職や担当教員と丁寧に話をしながら進めていきましょう。

✦ | 発達障害の場合は、専門家からも助言を得る

また関係者を集めて対応を検討する「ケース会議」を開くことも有効です。**生徒の特性や、その特性が発生する条件、対策などについて話し合う**ことができるとよいです。

発達に障害がある場合は、支援センターや民間の医療機関などで、WISC-ⅤやWAIS-Ⅳなどの知能検査をすることも必要です。検査によって、**専門家からの助言を得ることもできますし、学校生活を送る際の留意点などを知ることも可能**です。生徒たちに対してのきめ細かい指導や配慮は学校としては欠かすことのできないものです。ひとりで抱え込まずに、関係各所と相談を丁寧に進めて、生徒が安心して学ぶことができる状況を作りましょう。

May - June ●●

#教育相談

スクールカウンセラーとの協働

GWを過ぎると、新学期の緊張も薄れ、新しい人間関係に悩み始める生徒が見られるようになります。また、1年生であれば、中学生の頃に比べて、通学時間が長くなり、生活リズムが大きく変わったことで、心身ともに疲れを感じ始める生徒もいます。

生徒の心身の不調を早めにキャッチし、担任を通じて学年や分掌（例えば、教育相談部）でチームを組んで生徒のサポートをする体制作りが必要です。

このとき、心のケアの専門家であるスクールカウンセラーとどのような連携ができるか、教育相談部を中心に枠組みを作っておきましょう。

スクールカウンセラーとの最初の打ち合わせが肝心

スクールカウンセラーのバックグラウンドも様々で、元教員のスクールカウンセラーもいれば、大学の臨床心理系のスクールカウンセラーもいるため、できること・できないこと、得意な対応とあまり経験していないことなどさまざまです。担任や学校としてスクールカウンセラーにやってほしいことを、最初の打ち合わせで確認することがとても重要です。

教育相談部を中心に担任やスクールカウンセラーとつないでいく

学校によってスクールカウンセラーの勤務形態が異なりますが、週に1回程度の来校・面談を実施している学校が多いでしょう。**限られた時間の中で、スクールカウンセラーが生徒とのラポール（信頼関係）を築くためには、教員との意思疎通も大切**です。

カウンセリングだけで生徒の悩みを解決することはできません。その生徒をどのようにサポートしていけばよいか、教育相談部は、担任がスクールカウンセラーと積極的にコミュニケーションを取れる環境を作るとよいでしょう。

May - June

#保護者 #面談

スクールソーシャルワーカーとの協働

社会が多様化した中で、スクールソーシャルワーカーとの連携はこれからますます重要になってきています。**スクールソーシャルワーカーは家庭の問題などにアプローチできる専門職**なので、家庭状況に何かある場合は、積極的な連携が望ましいです。

「困り感」のある生徒や保護者をスクールソーシャルワーカーにつなぐ

スクールソーシャルワーカーと連携が必要かどうかの基準は「困り感」だといわれます。親子の関係でかなり困っている現状があり、それを**「困っている」と言葉にできる状態であれば、連携を進めるのがよい**です。ただし、他者に家庭のことを話すことに抵抗のある人も多いので、無理矢理に介入すると、信頼関係が崩れてしまうリスクがあります。ひとりで問題を背負うのではなく、担当教員（養護教諭のケースが多い）や関係部署の主任、管理職などと、丁寧に確認しながら進めるのがよいでしょう。

もし生徒本人が連携を拒否するのであれば、**保護者のみをスクールソーシャルワーカーにつなぐことも有効**です。それが足掛かりになる可能性もあります。

面談に同席し、ゴールを決めておく

状況によっては、生徒・保護者に来校を求めるのではなく、スクールソーシャルワーカーに同行してもらい、家庭訪問をして面談するのもよいでしょう。**スクールソーシャルワーカーとは事前に打ち合わせの時間を確保し、面談のゴールなどを想定しておきましょう**。教員は面談にもなるべく同席して、保護者の話を聞きましょう。

スクールソーシャルワーカーからのフィードバックを受け、つなげっぱなし、投げっぱなしにならないように、生徒や保護者とコミュニケーションをとりましょう。

May - June

児童相談所との関わり方

児童相談所と聞いて、すぐにぴんとくる教員は少ないのではないでしょうか。もしかしたら、教員人生で一度も児童相談所と関わったことがないという方もいるかもしれません。

｜児童相談所とはどのようなところか

児童相談所は、各都道府県の相談機関として、子どもについての多種多様な相談に応じ、それぞれの子どもの問題解決に必要な指導や援助をするところです。**実際の相談や指導には、児童福祉司、児童心理司、精神科や小児科の医師等が対応してくれます**。

児童相談所と学校のつながりは、さまざまです。例えば、学校で知りえた情報の中に、生徒に対しての虐待やDVがあったとします。そのような場合には、児童相談所と連携し、その生徒を守ってあげられるように策を講じます。

また、児童相談所から学校に情報提供がある場合もあります。「現在、児童相談所で生徒を保護している」というような情報を受けることもあります。

｜児童相談所の連携や子ども家庭支援センターの活用

このように、児童相談所と学校は、生徒のために情報を共有して生徒が安全に過ごせるように連携しています。

児童相談所は、学校との連携だけではなく、家庭との連携もするので、三者面談等で子育てに悩む保護者には、児童相談所の存在を教えるとよいでしょう。また、児童相談所以外でも、子ども家庭支援センターもあります。ここでは、子育て家庭に関するあらゆる相談にのってくれます。その際、**地区によって管轄が分かれている場合もあるので、まずは学校がある地域はどこが管轄なのか調べておくとよい**でしょう。

服装指導では丁寧なコミュニケーションを心がける

生徒との対話を欠かさない

服装指導は生徒の日常生活にも関わるため、非常に重要です。制服をきちんと着こなすことは、TPOなどを踏まえた生徒へのマナー指導やトラブル回避にもつながります。着崩している生徒がいれば、学校のルールに則って、きちんと指導をすることが大前提です。

ただ、コミュニケーションをしっかりと取り、一方的な指導にならないように注意しましょう。生徒にとって身なりのトラブルは、登校のモチベーションにも大きく関わります。ブレない指導を行いつつも、トラブルの拡大にならないように言葉遣いなどにも注意して、丁寧に対話をしましょう。

急速に進む制服の多様化

近年、制服の多様化が進んでいます。性の多様性などを考慮したジェンダーレス制服、費用面を考慮した制服のサブスクリプション、気温を考慮した短パン、パーカー着用など多岐にわたっています。制服を標準服として式典のみで着用をしている事例や、私服登校の日などを設けている学校もあります。

社会の動向や生徒の実態、近隣の学校の状況などを考慮して、生徒が着崩すことがないように、そもそもの「制服」制度を見直すことも有効です。生徒と共に制服などのルールを見直す動きも広まってきています。学校でも制服の在り方について、継続的に検討していくことがよいでしょう。

何度注意しても聞いてくれない、反抗されるのが怖いなどの理由で、指導したくなくなるときもあるでしょう。そのようなときほど、毎日声をかけましょう。生徒から「この先生はうるさいな、なんでそんなに関わろうとするんだよ、放っておいてくれよ」と思われていいのです。少し改善されたら、改善した行為を褒めましょう。あなたのことを見捨てないよ、というメッセージを送り続けましょう。

学業と部活動の両立の仕方

学業と部活動の両立については、毎年どの学校でも話題になるでしょう。この時期は中間考査もあり、新しい学年で初めて学習したことの結果が反省点として出てくる頃でもあります。また部活動では、インターハイ予選が行われ、練習にも熱が入る頃でもあり、引退する生徒もいる頃かもしれません。３年間頑張ってきた部活動の最後だから、学業よりも部活動に力を入れたいという生徒もいます。学業と部活動をどのように両立させればよいのでしょうか。

｜事前に学習時間と内容を決めておく

学業と部活動の両立に関しては、さまざまな解決方法があるので、ここで挙げるのは一例です。「学習の時間」「部活動の時間」をしっかり決めることです。

学校生活の中では時間割が決まっていますが、何事も**事前に何をするかが決まっていると取り組みやすい**です。

自分の自由に使える時間を見極め、その時間に何を勉強するのかあらかじめ計画を立てておくのです。学校の時間割を確認して、予習・復習の時間を確保しておくことも大切です。

｜部活動に関係する活動の時間も決めておく

同様に部活動の時間も設定しましょう。「部活動はそもそも時間が設定されているのでは？」と思うかもしれませんが、ここでは**学校の部活動の時間以外にやっている活動**のことです。例えば、部活動に関係する本や動画を見る時間、自主練をする時間などがそれにあたります。向上心があるという部分は褒めてあげつつ、時間を意識することを伝えましょう。

May - June

#保護者　#教育相談　#ICT

不登校について知っておく

不登校生徒数は、高校においても近年増加傾向にあります。私たち教員はどのようなことに留意して生徒対応をしていけばよいのでしょうか。

不登校増加の原因は多岐にわたる

文部科学省の調査によれば、不登校の原因で多いのは「学校生活に対してやる気が出ない」「生活リズムの不調」、「不安・抑うつ」、「学業の不振」、「いじめ被害を除く友人関係」等です。これらの結果も参考にしながら、**登校するという結果のみにこだわらず、生徒が自らの進路を主体的に捉えられるよう、目の前の生徒の状況をしっかり把握し、支援していく**のがよいでしょう。

不登校の前兆

生徒が不登校になる際、次のような兆候が見られる場合もあります。

- 欠席や遅刻・早退が次第に増えてくる
- 授業中ぼんやりし、口数が減る
- 人の目が気になり始めたり、教室に居づらいと言う
- 不眠を訴え、登校前に身体の不調を訴える
- 学業の不振や課題の未提出が多くなる　　等です。

こうした兆候の背景には、気分の落ち込みや対人的な悩みなどが潜んでいることがあります。まず、**本人に話を聞き、不安を受け止め、共に考えていく姿勢を持つことが大切です**。場合によっては、スクールカウンセラーやスクールソーシャルワーカーと連携し、不登校の要因を見極めていきます。

不登校生徒への具体的なアプローチ

不登校の生徒は、昼夜が逆転し、保護者が起こしても起きられない、自室に閉じこもり、誰とも話したがらないという場合も多々あります。このような状況になると、学校からの電話も避けるようになってきます。教員は、何とかして状況を改善しようと、生徒と接触を持とうとしますが、**生徒自身が心身を休め、エネルギーを回復させることも大切です。毎日電話をかけたり、友達に連絡をとってもらったりするのは控えたほうがよい場合もあります**ので、本人の意向を確認し、保護者との連携をしっかりとっていきましょう。

保護者との連携を大切にする

欠席が続き家庭訪問をすることになった場合でも、本人や保護者の意向を踏まえ、十分注意しながら進めましょう。**生徒も保護者も不安や焦りといった気持ちが入りまじっています。教員は保護者と定期的に連絡を取り、その不安などをよく聴き取り、支えることが大切です**。保護者との連絡を定期的に取ることにより生徒の様子を把握し、登校へ向けての方策や登校再開時期などを学年主任や教育相談担当、スクールカウンセラーや管理職等とも相談していきます。

場合によっては、スクールソーシャルワーカーと連携し、教育支援センターや専門機関に協力を仰ぐことも有効ですが、本人や保護者の意向を必ず確認しましょう。また、専門機関や医師による診断を勧める場合は、管理職とも情報を共有しながら進めていきましょう。

文部科学省の不登校生徒に対する支援策

通信制の学校でなくとも、学習意欲はありながら登校できない生徒が**遠隔授業及び通信教育を活用することで、原級留置や中途退学することなく卒業できるようになりました**。36単位の範囲内において単位をオンライン授業等で修得することが可能です。生徒が自らの進路を諦めず、社会的に自立することを目指すサポートをしていきましょう。

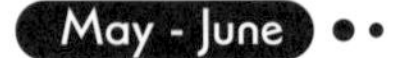

生徒会との連携・校則の見直し

生徒会活動は特別活動としても民主的な視点を育むためにも、とても重要です。高校生は18歳で成人、そして有権者となります。主権者教育の観点でも、選挙や民主主義のプロセスを学ぶことに意義があります。

┃生徒会と積極的に連携する

近年、子どもの権利の重要性が広がり、**校則についても生徒たちと十分に協議した上で見直しを進めることも、『生徒指導提要』などに明記されるようになりました**。生徒会との連携は、校則の見直しにおいて非常に重要です。

最近では、生徒会や有志生徒たちと対話しながら校則を見直していく動きも広がりを見せています。校則についてのアンケートなどのヒアリングの実施や、校則検討委員会などを学校として設けているケースもあるでしょう。生徒会とこまめに相談をしながら、行事の運営や校則の制定など、見直しを進める際には積極的に連携しましょう。

┃校則についての小さな意見も大事にする

また生徒会に限らず、生徒たちが校則について相談や意見を出してきた際には、突っぱねるのではなく、丁寧に話を聞いてみましょう。もし生徒の意見が稚拙で自己中心的な場合は「学校全体にも関わるから、いろんな人に聞いたり、他校の調査をしてみたら？」とフィードバックをして、探究してみるように促すことも手段の一つです。

生徒たちの小さな意見を聞くことは、生徒の人権を大切にすることにもつながります。まずは生徒の声を聞くことから始めてみてはいかがでしょうか。

校外学習は何のためにあるのか

この時期に遠足などの校外学習を実施する学校は多いのではないでしょうか。もちろん、暑すぎず、寒すぎずちょうどよい気候だからということもありますが、この時期に実施する意義は他にもあります。

| 遠足での協働的な活動を通して、関係ができる

「生徒同士が新しい環境（クラス）になじめるようにするため」という意図です。この時期は、４月からの新しい環境に適応できず、ひとりぼっちという生徒も少なからずいることでしょう。遠足ではグループを組んで、グループごとに計画を立てたり、食事をしたりしますので、**協働的にならざるを得ない状況が生まれます**。そうすることで、対話も増え関係性が作られていきます。

| 協働的な活動が苦手な生徒もいる

学校によっては、体験学習の場としてキャンプ場などに行き、みなでカレーを作るなどして親睦を深めようとする場合もあります。しかしながら、そのような協働的な活動が苦手だという生徒もいます。班には入ったものの全く話をしなかったり、班員とは別行動してしまったりします。

そのような生徒がいる場合は、生徒の個性や特性を尊重しつつ、どうしてそういう行動をとってしまうのか聞くとともに、**どうすれば協働的に活動できるのかという部分にもふれてみるとよいでしょう**。そうすることで解決策が生まれる場合もあります。生徒本人にも理由がよくわからないということであれば、また別の解決策を一緒に考えてあげましょう。

May - June

#学校行事

体育祭での事前指導・当日の指導

体育祭は、学校生活を彩る行事です。学校によっては、学年をまたいで縦割りの団を作るところもあるでしょう。いつもとは異なる環境になるので、生徒の気持ちも高まり、突飛な行動をする生徒も出てきます。体育祭ではどのようなところに注意すればよいのか考えていきましょう。

種目決めのプロセスを大事にする

体育祭では、誰がどの種目に出場するか決めるところから始まります。まずは、そこで誰かにつらい種目を押し付けたり、主張しない生徒を置き去りにしたりしないように注意しましょう。**生徒によって温度差があり、この段階からトラブルになることもあります。体育祭担当の教員と生徒指導部で連携をとっておきましょう**。また、多くの学校では体育祭実行委員等が中心に活動しているので実行委員にそれとなく伝えておくとよいです。

体育祭に集中できない生徒に注意喚起する

体育祭当日は、応援だけをしていればよいというわけではありません。体育祭といっても、常にクラス全員で参加しているわけではなく、個人種目も多くあるはずです。その際、出場していない生徒たちは何をするべきでしょうか。もちろん、次の試合に向けてアップをする生徒もいれば、競技が終わり疲れて休んでいる生徒もいます。中には雰囲気に乗れずスマホをいじっていたり、おしゃべりをしていたりする生徒もいるかもしれません。しかし、体育祭当日も、学習活動の一環であることには変わりありません。体育祭に集中できない状況を未然に防ぐためには、事前に生徒指導部から注意喚起をしておき、当日も一緒に応援しようと声をかけるなどするとよいでしょう。

May - June

#面談

トラブル時の聞き取りは計画的に丁寧に

聞き取りは、主にトラブルが起きたときに関係した生徒を対象に行われるため、非常に切迫した状況で行われることが多いです。生徒もヒートアップしていることもあるので、生徒指導部を中心に計画的に進めましょう。

２名以上で、先入観を持たずに話を聞く

聞き取りを行う際には、証言の食い違いを防ぎ、生徒・教員の安全を確保するため、**ひとりでは行わず、２名以上で行いましょう**。

その際、教員の価値判断を排除し、事実関係を確認することを心がけます。例えば、被害生徒から申し出があった場合、教員はその生徒に感情移入をしてしまいがちです。しかし、話を聞いていると被害生徒のほうが先に何かをしているケースも多くあります。

また、例えば「服を触った」などの証言を、教員が、普段の素行を加味して「胸ぐらをつかんだ」と変換してしまうこともあります。こうした決めつけは無意識に出てしまうこともあるので、十分に留意しましょう。

事実関係を積み上げ、整理する

大事なことは、聞き取りをする際には、**それぞれの経緯や言い分を、それぞれの生徒から、しっかりと積み上げていく**ことです。

新事実が出てきた場合など、必要に応じて、複数回の聞き取りが必要なこともあります。手間だと思わずに、丁寧に実施しましょう。

事実関係を整理し終えたら、教員の聞き取ったメモだけでなく、生徒にも自筆で事実関係を書かせて、確認しましょう。複数生徒に聞き取りをする際には、聞き取りを担当する教員の他に集約を担当する教員を割り当てて、事実関係の確認を丁寧に行いましょう。

生徒指導の項目や懲戒の日数を確認する

生徒指導に関する指導の発生と指導方法や状況は、職員会議等で教員へ周知を行うこととなります。学校によって生徒指導に関する取り扱い方は異なりますので、勤務校の内規を確認しておきましょう。

✦ | 懲戒の項目や日数は学校によって異なる

例えば、定期考査における不正行為があります。一般的には、不正行為を行ってしまった場合、該当する科目についての取り扱いを0点とし、それ以外の科目を受験する機会については、別室で認める例などがあります。しかし、学校によっては、全ての科目について0点とする処置を行う例もあります。

また、それ以外でも学校によって懲戒の日数、指導の方法については異なります。異動や新規にて採用された場合、事前に生徒指導に関する項目や懲戒に関する説明も行われます。また、新入生をはじめ在校生に対しても、新年度に入ってから説明を行う機会もあるため、**経験年数にかかわらず、こうした指導に関する項目や懲戒の日数を、改めて確認することを心がけましょう**。

✦ | 問題行動を未然に防ぐ環境を作る

生徒指導に関して教員ができることは、こうした指導につながるような結果にならないように、事前指導を行うことです。**生徒たちは、まだまだ未熟な部分もあるため、問題行動は未然に防げる事例もあります**。教員の指導によって、懲戒につながるような生徒指導が起こらない環境や雰囲気作り、生徒との信頼関係を築いていきましょう。

謹慎指導中の生徒との関わり方

謹慎期間は、生徒にとって大事な時期です。友達などと離れて孤独な時間にもなりますし、指導に納得がいかずにやさぐれていたり、状況に悲観して自暴自棄になったり、泣き続けるなど、とても繊細な状態になっていることもあります。ここで丁寧に関わることは、問題行動の改善、生徒との信頼関係の構築のためにとても重要です。

✦ | 話は聞くが、過度に肩入れしないように注意

このタイミングで生徒の本音が出てくることも多いです。その際は、カウンセリングマインド（受容と共感）をもとに、生徒と接しましょう。じっくりと時間をかけて話を聞いてくれる大人がいることは、今後生徒が自立するために、重要な要素です。

ただ、謹慎指導になったことは、問題行動が原因ですので、過度な共感や生徒への肩入れなどをしないように注意しましょう。それらの対応は、指導をうやむやにする結果にもなりますし、「あの先生はあの行動を許可した」などのように、言質を取られる可能性も少なからずあります。謹慎期間中の指導によって、後に問題の再燃や、別の問題に発展することもあります。**あくまでも謹慎指導中なので、毅然とした態度は忘れずに、生徒と接しましょう**。

✦ | 生徒を励まし、長期的に見守って関係を築く

状況によっては、これまでの学校での活動の努力を労ったり、「一緒に進級・卒業を目指して頑張ろう」などと、励ましたりすることも大事です。**謹慎指導終了後も、なるべく長期的に様子を聞くなど生徒との対話に努めましょう**。

同様に保護者とも面談をする機会にもなるので、今後のために良い機会にできるとよいですね。

初めての定期考査で成績が落ちた生徒への対応

入学後の初めての定期考査や新学期になり初めての定期考査では、生徒にどんなことを伝えればよいのでしょうか。

｜成績が落ちる生徒がいるのは当然であることを伝える

まず、注意したいのは、１年生で成績が著しく下がってしまった生徒です。中学校のときは取ったことがないような点数を取ってしまうこともあるかもしれません。前の学年のときには、もっと取れていたのに……という生徒もいるでしょう。このときの生徒の心理的状況はあまりよいものとは言えません。

では、どうしてこのようなことが起こってしまうのでしょうか。中学校から高校に進学するにあたって、高校入試を経て入学してきます。すると中学校のときとは異なり、学力層が似た生徒たちの集団になります。その中で定期考査を行うため、**同じような学力層の中でも成績の序列ができ、今まで見たことのない成績をとる**ということになるのです。

｜上級生は教科担当が変わって定期考査がうまくいかない場合も

また、上級生になると、学習している教科・科目が異なり、担当教員も変わります。すると定期考査で問われる内容や問われ方も変わるので、この時期の定期考査はうまくいかないということも起こるのです。

このような状況を理解せずに、単純に「悪い成績をとってしまった」「もう立ち直れない」と思ってしまう生徒もいますので、こういったカラクリがあることを伝え、次の定期考査に向けて頑張るように励ましていきましょう。

発達支持的生徒指導のススメ

高校生が困ったときに誰に相談するのか。最も多いのは「友だち」です。NHK放送文化研究所の『中学生・高校生の生活と意識調査』（2022年）によると、相談相手として「友だち」が43％、次いで「母親」が30％、３番目が「相談する人はいない」の８％で、残念ながら「学校の先生」と回答したのは３％でした。

生徒が自分の困りごとを解決するときに、教員は相談相手としてはなかなか選ばれない事実があります。このため、実際は、いじめや悩みについてアンケート調査を行いその予兆をつかむ課題早期発見対応や、生徒の問題行動が発覚してから困難課題対応的生徒指導を行うような、事後対応型の即応的・継続的（リアクティブ）生徒指導が主として行われています。

しかし、生徒同士で相談して悩みを解決できるスキルを身に付けていればどうでしょうか。相談する相手が「友だち」だからこそ、問題行動を起こす前に友だちの中で問題解決ができるようになり、困難課題対応的生徒指導が減少すると考えることができそうです。日常的に生徒同士が上手にコミュニケーションを取り、お互いを尊重しながら学校生活を行うためのトレーニングを実施することは、発達支持的生徒指導の一つで、積極的な先手型の常態的・先行的（プロアクティブ）生徒指導と言われます。

令和４年に改訂された生徒指導提要では、生徒指導の重層的支援構造が示さ

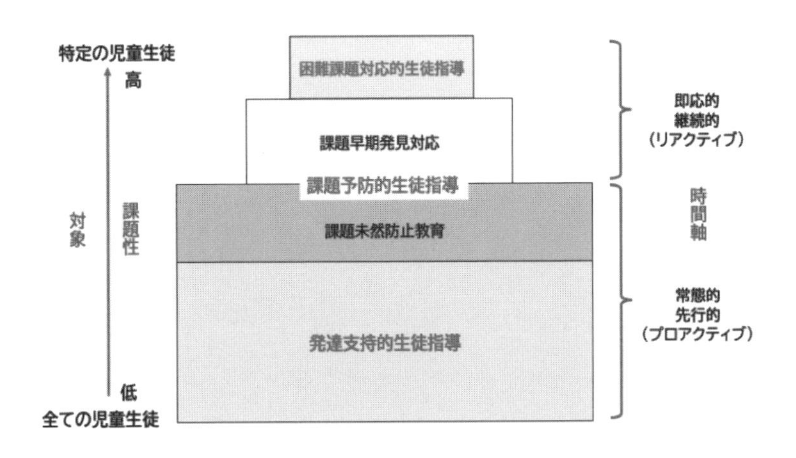

れました。（生徒指導提要p.19図２）

この中で、発達支持的生徒指導は「特定の課題を意識することなく、全ての児童生徒を対象に、学校の教育目標の実現に向けて、教育課程内外の全ての教育活動において進められる生徒指導の基盤となるもの」とされています。発達支持的生徒指導の先行事例として、平成22年から取り組まれている岡山県総社市の「総社市だれもが行きたくなる学校づくり」が知られています。

また、重層的支援構造の図は、広島大大学院教授の栗原慎二氏が提唱するマルチレベルアプローチと呼ばれる生徒指導プログラムをもとに作られています。発達支持的生徒指導の具体を学ぶには、『マルチレベルアプローチ　だれもが行きたくなる学校づくり　日本版包括的生徒指導の理論と実践』（栗原慎二編著、ほんの森出版）が参考になります。

第3章

7月～8月

（長期休業前）

1学期の終わりの生徒の様子

１学期の終わり（３学期制の場合）の７月は、生徒たちの大部分は学校生活にも慣れて、友人関係も広がり、学校が楽しくなってきている時期です。

✦ | 落ち着かない生徒も多い

しかし、７月になっても、なかなか落ち着かない生徒たちもいるのではないでしょうか。**新しいメンバーでスタートしてからこの時期までは、教員も生徒も肉体的・精神的に疲労していることが多い**です。生徒たちも１学期の成績が出る時期のため、不安もあるのでしょう。

状況によっては、学校に馴染めなかったり、成績で厳しい状況になってしまい、欠席が多くなったりする生徒も出てきます。**こまめに連絡を取るなど、生徒や保護者との関係が切れないように注意しましょう**。

✦ | 人間関係の変化やトラブルに誠実に向き合う

３年生は、生徒によっては部活動を引退していく時期になるでしょう。**部活動を頑張った反動で、燃え尽き症候群になってしまうこともあります**。これまで努力してやり切ったことをたたえながら、学校生活に部活動の経験がプラスになるように働きかけるとよいですね。

長期休業前は、放課後にトラブルが起こるケースもあります。人間関係も５・６月に続き変化が起こる時期です。**１学期末はさまざまなメンタルヘルスケアが必要になります**。雑談の延長程度で構わないので、気になる生徒には、なるべく声をかけるようにしながら、誠実に向き合い続けましょう。

夏休みの前に伝えておきたいこと

✦ | 学年ごとの夏休みの過ごし方

1年生は、新しい環境になって初めての長期休業です。高校生になって新しくできた友達と遊びに行ったり、高校生になったからできることに挑戦したりするなどがあるでしょうか。教員としては、生徒に存分に自分のやりたいことをしてほしいと考えますよね。

2年生は、部活動の中心になっていたり、文化祭の準備に明け暮れる時期になります。来年は受験だから今のうちに遊ぼうと考えるかもしれません。中だるみと揶揄される学年ではありますが、自分の意思次第でどうにでもなることを伝えてあげてもよいかもしれません。

3年生は、受験勉強や就職活動のための準備で大忙しになるでしょう。卒業後の自分の進路実現のために邁進してほしいと伝えていくのがよいですね。

✦ | 夏休み前にぜひ伝えたい一言

しかし、生徒支援という視点で考えると「**あなた自身は存在しているだけで尊い、夏休み明けも絶対に会おう**」という一言や、「**困ったときには、助けを求める声をあげましょう**」と伝えたいですね。

理由としては、長期休業明けにさまざまな事情があり、学校から足が遠のいてしまったり、休暇中に事故に遭ってしまったりする状況があるからです。

教員の一言で何か大きく変わることはないかもしれません。ただ、生徒の精神状態が不安定なとき、どうしようもなくつらいとき、ふと何かのきっかけで思い出してくれるだけで救われる生徒もいるのではないでしょうか。

高校生は大人に見えますが、まだまだ精神的にも不安定なところがあり、また個人差もあります。ぜひ、これらの言葉を伝えてみてください。

夏休みの前の指導

夏休みは学年によって過ごし方が異なります。3年生は受験勉強や会社見学など、大事な時期です。1・2年生はオープンキャンパスや部活動、課外活動、補講などの時期になるでしょう。学校によっては文化祭の準備や宿泊行事などがあったり、個人で帰省も含めた旅行や、友達と遊ぶ予定もあるでしょう。それぞれの学校、学年の状況に応じて声掛けをしましょう。

✦ | 夏休みの目標を立てて過ごすこと

共通する項目としては、以下の二つのことが大事です。

一つ目は、「一つ以上の目標を立てること」です。漫然と過ごすのではなく、この夏休みを成長の機会として位置付けるように促しましょう。必要であればワークシートなどに目標や計画を書かせるのもよいでしょう。

その目標は、できるだけ具体的なものとしましょう。1学期を踏まえた学習・進路・部活動についてや、その他の課外活動のことでもよいですね。

✦ | 何かあったら学校に連絡すること

二つ目は、「連絡の手段を確認しておくこと」です。**夏休みは教員側も学校にいないことが増えます。何かあった場合に連絡が取れるように、段取りなどを明確にしておきましょう**。日頃から学校が用いているGoogle classroomなどのオンラインプラットフォームなど、電話以外にこれらも有効活用できるとよいでしょう。教員自身のスケジュールなどをある程度共有しておくことも有効です。

その他、体調管理など一般的な注意も同様に行い、生徒を送り出せるとよいでしょう。生徒たちは1学期は環境も変わって疲れていると思うので、リフレッシュすることの大切さも伝えましょう。

July - August

部活動顧問との連携

部活動は生徒の普段とは違う一面を見ることができる大事な教育活動です。部活動顧問は土日祝日や長期休業中なども生徒と関わっていることが多いです。生徒の様子を知る上で、顧問に部活動の取組状況などを聞くことは、生徒を知る上でとても有効な手段です。

部活動で出る本音・クラスで出る本音

生徒たちは部活動のときにこそ、学校についての本音を話すことも多くあります。部活動顧問にとっても、生徒の普段の学校生活を知ることは指導にプラスに働くことも多いです。また、**部活動顧問は生徒と関わる時間も長いため、言いづらいことを伝えてもらったり、聞いてもらうことも可能**です。指導も部活動顧問からのほうが有効な場合もあります。

一方で、クラスなどでは部活動についての本音を語ることも多くあります。それらを顧問に相談することも状況によっては必要な場合もあります。ただその際には、告げ口などになって逆効果にならないように注意しましょう。

生徒との信頼関係作りに部活動の話題を

どのように連携を取るのかは、担任・顧問・生徒の関係性にもよるので、状況を確認しながら丁寧に生徒へアプローチしたいものです。**部活動は生徒の学校活動において、とても大きいものです**。話をしたい生徒とのきっかけにもなりやすく、**信頼関係を作る手段にも有効です**。**大会や発表会の前後などには積極的にエールを送ったり、労いの言葉をかけたりする**のも生徒にとってプラスになるでしょう。ぜひ顧問ともよりよい協力体制を築いていけるとよいですね。

アルバイトのトラブルを防ぐために

アルバイトは禁止や許可制、申請制など学校によってさまざまです。経済格差の拡大や、ヤングケアラーの増加も背景にあるため、家計補助や進学資金を貯金するためにアルバイトを必要としている生徒もいるでしょう。

✦ | アルバイトのメリット・デメリット

アルバイトを始めるときには、学校の生徒指導担当などと校則を確認しながら相談して進めることが必須です。

アルバイトは、もちろん**生徒にとって社会を知ることやキャリア教育的にもプラスにもなりますが、さまざまなトラブルを生む可能性もあります**。アルバイト先での飲酒・喫煙、ブラックバイト（不当な労働・賃金・解雇、休みを認めないなどのワークルールの無視）等の問題が発生する可能性があります。

✦ | アルバイトに関連したトラブルに注意

またSNSなどでは近年話題となっている闇バイト（犯罪行為への加担やそれに巻き込まれる可能性など）が募集されていたり、ダイレクトメールなどで勧誘されたりすることもあります。アルバイトは学校のルールにもよりますし、学校外の活動でもあるので深入りできないケースもあるかもしれませんが、**生徒の状況をある程度は把握しておくことが望ましい**でしょう。

また、**アルバイトを重視するあまり、体調を崩したり、学業に支障が出ることも多々あります**。それでは生徒にとってもマイナスになるので、必要に応じて注意喚起をしたり、保護者へ連絡を取ったりするなど、状況を確認しながら対応していきましょう。

July - August

バイクや自動車の免許取得について

高校生の時期に運転免許を取得する事例は一定数あり、夏休みに免許取得を始める生徒もいます。現在では、高校生では16歳から原動機付自転車、小型限定普通自動二輪車・AT小型限定普通自動二輪車、普通自動二輪車・AT限定普通自動二輪車、18歳から大型自動二輪車、普通自動車の免許が取得可能です。教習所にはそれよりも前に通うこともできます。二人乗りは取得後１年経っており、50cc以上の排気量があれば可能です。

バイクの免許について校内のルールを確認する

学校によっては禁止・許可制・申請制など、それぞれルールがあります。生徒から運転免許の取得希望がある場合は、生徒と生徒指導のきまりを確認しましょう。

また、免許制度は変わることがあるので常に最新の情報を確認しましょう。自治体によっては、**警察が主催する高校生向け安全講習会があることもあります**。そのような機会を積極的に活用するように声掛けしましょう。

バイクでの登下校のトラブルを防止する

取得した際、**登下校で利用して近隣の駐車場に停めたり、二人乗りのルール違反などが発生する可能性もあります**。登下校に関するルールを確認したり、事故の統計資料データなど明示し、保護者にその危険性について確認するなど、尊い命を守るためにきちんと指導して、十分に気を付けるようにしましょう。

性教育に関する講演会

性教育は生徒たちの命を支える営みに関する重要なものです。多感な時期の高校生にとっては、興味のある内容でもあり、なるべくふれてほしくない内容でもある、とてもセンシティブなトピックです。

｜長期休業期間中は性のトラブルが起こりがち

性に関して正しい知識を学ぶことは、今後の人生においても大きな意味があります。高校での性教育は、人によっては最後に学ぶ機会になるかもしれません。

特に夏休みなどの長期休業期間中は、男女関係での性のトラブルも起きる可能性があります。夏休みの過ごし方と併せて注意ができるとよいでしょう。

｜性教育の講演を行う際の留意点

性教育の講演を行っている団体・個人は多く存在します。専門家の講演などを依頼して、最新の性に関する事例や、性感染症の問題、避妊や性被害後の対処など詳しい内容を話してもらうこともよいですね。

注意すべき点は、小・中学校時代に性被害などを受けてしまった生徒や加害生徒がすでにいる可能性もあることです。事例を扱う際には、十分に留意しましょう。

｜「包括的性教育」について知っておく

近年では、**性を権利としてとらえ、性にまつわる社会や文化、更に生き方・在り方と結びつける「包括的性教育」も広まってきています**。性教育は単なるトラブル防止の注意喚起だけに留まらず、生徒たちのこれからの社会生活を豊かにしていくことができる可能性を持っています。専門家をはじめとして、各教科や養護教諭などと協力しながら進められるとよいでしょう。

暴力行為を防止するために

暴力行為は、刑法で罰せられる犯罪です。加えて、校内で起こる暴力行為は、加害生徒と被害生徒だけでなく周りの生徒が安心して学校生活を送ることができなくなってしまうこともあります。

暴力行為を防止するための教育

校内・校外で起こる暴力行為は、全国調査で微増傾向にあります。身近な小競り合いやからかい等からつい手が出てしまったり、些細なきっかけや人間関係の変化から暴力行為につながったりすることも考えられます。**暴力行為は許されないことである**ことを強調し、未然防止教育を行っていきましょう。自分の思い通りにならないことや怒りなどは暴力行為で解決するのではなく、相手に言葉で伝える練習をさせます。**うまく言葉で伝えられない場合は、自分の気持ちが落ち着くまでその場から離れるような対応を教えましょう**。

暴力行為を防止するための教員体制

生徒に未然防止教育をするだけでなく、生徒の様子に異変を感じ、担任等が知り得た気になる情報は、職員会議等で全教職員に周知します。もし校内で暴力行為が起きた際の教員体制を確認しておきましょう。

指導のしづらい精神的暴力

SNSの普及により、日常の何気ない風景や様子を写した写真や動画を、気軽に発信できるようになりました。SNSをもとにした精神的な暴力も頻繁に聞くようになってきました。情報を発信した生徒は、そんなつもりではなかったのに、相手にとっては大きな暴力になるということもあります。知らず知らずのうちに相手を傷つける暴力があることを伝え、トラブルを未然に防ぐことが必要です。

いじめの兆候と対応

「いじめ防止対策推進法」（平成25年）において、いじめの定義や校内体制が明確に整理されました。いじめが起こらないためには、学校全体として「いじめは絶対に許されない行為である」ことを繰り返し伝えていくことが必要です。もしいじめが起きたときは、どの分掌が関わって生徒のケアと課題解決に当たっていくのかを確認しておきましょう。

✦ |「いじめ」の始まりは「いじり」から始まることも

いじめの始まりは、**クラス内の勢力争い（マウント取り）が始まったり、人間関係がこじれたりするときです。最初は悪ふざけや「いじられているだけ」と言うことも多い**ですが、周りが気付かないうちに少しずつエスカレートしていきます。本人は「大丈夫」と言ったとしても、我慢してそのように言っている可能性もあります。普段と違う兆候が見られたら、多くの教員で情報を共有しましょう。

普段と違う兆候とは、これまで一緒にいた友達と一緒にいなくなる、集団で大声で悪口を言っているのが聞こえてくる、教員を避けるようになる等です。担任だけでなく他の教員にも生徒の様子を観察してもらいましょう。

✦ | いじめを発見したらすぐに報告・相談を

いじめを発見したらすぐに学年主任や管理職に相談し、対策を考えていきます。丁寧に聞き取りをし、生徒のケアに努めましょう。いじめられている生徒を守るだけでなく、いじめている側にも何らかの理由や背景があることも考えられますので、**頭ごなしに指導するのではなく、寄り添いながらもダメなことはダメと毅然とした態度で指導・支援していくことが求められます。**

July - August　#教育相談

自殺予防と対応

中高生の自殺者数は増加傾向にあります。生徒が自ら死を選ぶという行為は、学校として、教員として、ひとりの人間として、何かできたのではないかという悲しみと悔しさしか残りません。教員ができる自殺予防と、もし自殺行為が起こった場合について考えます。

｜いのちの大切さを伝える

自殺予防には、まずいのちの大切さを授業等で伝えることです。**高校生は挫折したり失敗したりすると、回復する方法を知らずに将来を悲観することがあります**。明確な原因や理由はわからなくても「死にたい」と言ったり、自殺の方法を調べたり、実際にリストカットをしたりする生徒もいます。教員はそのメッセージを受け止めつつ、専門家につなぎます。自殺を企図している事実をつかんだら、すぐに養護教諭やスクールカウンセラーに相談し、学校としての体制を確認します。そして、担任から保護者へ連絡し、事実を伝えます。病院や学校外の相談機関を紹介することも必要です。

｜自殺が起こってしまったら

もし自殺が起こってしまった場合は、当該生徒の家族へ弔意を示すだけでなく、今後の学校の対応について管理職等と相談して慎重に進めていきます。**他の生徒への影響を考え、事実をどのように伝えるのか、生徒同士で話題になったときにどのように対応するのか、ケアの方法や時期などを、家族の意思も踏まえて具体的に検討していきます**。

そして、教員もひとりの人間です。悲しいという気持ちを無理に抑え込まず、学校全体として悼む体制をとっていくことが大切になるのではないでしょうか。

万引き指導はするのかしないのか

学校外における非行の対応は、基本的には警察、福祉（児童相談所）、司法（家庭裁判所）等が対応することになりますが、学校が介入しなくていい問題ではありません。例えば生徒が万引きをした場合、警察が保護者と連絡がつかない場合は学校に連絡が入り、対応することもあります。またその生徒の素行について情報提供したり、継続的な指導を警察が行う場合に協力することが求められたりします。**万引きをした理由に、学校内のトラブルや日々のストレス、家庭環境の変化等を挙げる生徒もいます**。このような非行につながらないように、学校での様子を観察しておくことも必要でしょう。

｜「二重罰」にならないような支援体制を

非行があった場合、非行を繰り返さないように学校でも指導していくことは必要ですが、学校外で罪を犯して罰を受けた場合「二重罰」を禁止している学校もあれば、生徒本人への戒めや他の生徒へのけん制のためにあえて謹慎等の指導をする学校もあります。警察や検察で指導された場合には、学校では情報は把握しているもののあえて学校では指導しない二重罰禁止の方法を取っているのか、学校でも指導を行う方法なのか、校内の指導内規を確認し、生徒指導部と連携して指導体制を築きましょう。いずれの場合も**罰を受けた後は、日常生活に戻れるように教育的配慮に基づいた指導が必要です**。

｜保護者と連携をし外部機関とつなぐ

非行を繰り返す生徒に困る保護者も少なくありません。その場合は、関係機関を紹介するとよいでしょう。例えば、都道府県警察が運営している少年サポートセンターは、継続的に面接を行ったり、立ち直りに向けた支援をしたりしてくれます。

July - August

警察と連携する際のポイント

警察は地域の安心安全のために力を貸してくれる頼もしい存在です。必要に応じて、積極的な協力を求めるとよいでしょう。

教員の管轄外では警察に頼る

例えば、登下校中や不審者など学校外の地域のトラブルは、教員が全て対応することは困難です。必要に応じて警察へ情報提供や、協力依頼をしていくことが望ましいです。

また、未成年に酒類の提供などがあった場合、警察に連絡してお店に対して指導を行ってもらうことも状況によっては可能です。**高校生への指導は教員が担うことが基本ですが、それ以外の部分に関しては警察に相談することがおすすめです**。

出前授業に来て話をしてもらう

また警察は、インターネット等のトラブル防止や交通安全教室、薬物乱用防止教室など各種の出前授業を行っていることが多いです。**講演者が警察の方だと、場も引き締まりますし、専門家の話を聞くのはとても勉強になります**。外部連携の有効な手段として協力を仰ぐのもよいでしょう。

高校生が関わる事案は、警察の生活安全課などが担当することが多く、**生徒指導主任や管理職と連携をしながら進めます**。「警察に連絡するのは通報のようで抵抗がある」という人もいるかもしれませんが、警察は社会をより良くする味方です。さまざまな事案を扱ってきた実績や地域の学校の状況にも理解があり、それらを加味して相談に乗ってくれることが多いので、ぜひ連携して力を借りましょう。

通学時に痴漢被害に遭ったら

地域によって電車やバスで通学する生徒もいるでしょう。安全に登下校できることが第一ですが、中には痴漢などの被害に遭ってしまう生徒もいるかもしれません。

｜痴漢被害に遭ってしまったら

そのような被害に遭ったときは、**警察や家庭と連絡を取りつつ、生徒の心のケアを優先しましょう。事実を思い出したくない場合は、無理に話をさせる必要はありません**。生徒の意思を確認してから、養護教諭やスクールカウンセラーなどに相談できる機会を設定しましょう。

被害後も毎日の登下校は同じ時間帯になることが多いため、再び被害に遭うのではないかと恐怖心を持つ場合があります。**被害に遭わないために、乗る電車やバスの時間をずらす**ことから始めましょう。

｜防犯対策をしっかりしておく

それ以外の対策として、**いつもと違う車両に乗る、すぐに助けを呼べるように友達や保護者と登下校する、服装や持ち物を変えることなども有効です**。また、被害を受けたら周りの人に伝えられるようにアドバイスをします。生徒の様子を見ながら、具体的な方法を少しずつ試してみましょう。

周りに伝える方法として、警視庁の防犯アプリ「デジポリス」を用いる方法もあります。アプリの画面を見せるだけで、近くにいる人に被害に遭っていることを知らせることができます。安全教室等で使用方法を確認したり、もしものときの対応を教えたりしておくとよいでしょう。

被害後、しばらくの間は登校後の様子を見ておくとよいでしょう。**担任が異性の場合は学年の同性の教員にフォローをお願いしましょう**。

July - August

薬物乱用防止講座の開催

多くの学校が夏休み前に「薬物乱用防止講座」等の講習会を実施するのではないでしょうか。なぜこの時期にこのような講習会を行うのでしょう。

✦｜長期休業中は新しい交友関係が広がるため

長期休業中は、学校が休みになるので遠出をしたり、**ふだん行かないような場所に行ったりもします。そのため気持ちが大きくなることもあれば、新しい交友関係ができることもあるかもしれません**。

交友関係は、全てが良いというわけではありません。悪い人間も近寄って来る場合があります。そのため薬物乱用防止講座を夏休み前に実施しているのです。

✦｜実際の事例を紹介し、自分事と思わせる工夫を

講習を行う前には、上記のような話をしてから、講習会を行うとよいでしょう。講習の内容については、二つのポイントがあります。

一つ目は、学校の実情に合わせつつ**実際に高校生に起きた事例を紹介すること**。二つ目は、**薬物に関するトラブルがいつか自分にも降りかかってくるかもしれないということを生徒に自覚させること**です。

講習会では生徒に自分事だと思わせるようにしましょう。自分事にしないと、自分には関係ないことだと思ってその話を聞かないからです。学校がある市区町村内で起きた事例を探して紹介することによって、自分たちの生活圏内でも起こっている、高校生も被害に遭っているということを認識するので、より自分事に落とし込めるでしょう。

July - August

高校生の睡眠について

高校生にとっての適切な睡眠時間は、８～10時間が目安とされています。しかし、この時間を確保することが難しくなっています。睡眠不足による問題は、学校生活の中にも影響を及ぼします。

スマートフォンで更に睡眠が減っている

高校生になると部活動や予備校、アルバイトなどのさまざまな活動によって、毎日の時間に追われる生徒も出てきます。また、**最近ではスマートフォン等の使用率も急激に増加し、動画の視聴などにより、睡眠時間がさらに削られています**。

これまでの生活リズムが、大きく変化する高校生活であるため、この３年間における成長は、その後の発達においても大きな影響を及ぼします。心身共に成長する時期に、睡眠をおろそかにすることは決してよくありません。

睡眠のポイント

厚生労働省が発行している「こどものためのGood Sleepガイド」によれば、**①適度な長さで休養感のある睡眠、②光・温度・音に配慮した、良い睡眠のための環境づくり、③適度な運動、しっかり朝食、寝る前のリラックス、④カフェインなど、嗜好品とのつきあい方に気をつける、⑤眠れない、眠りに不安を覚えたら専門家に相談**―の５つが「睡眠５原則」とされています。

睡眠の大切さについては、保健の授業に限らず、朝のHRなど毎日の関わりの中で話をしていかなければならないテーマと言えるでしょう。

Column③

生徒との信頼関係の構築・同僚との協力体制

「教員は対人関係が大変って聞くけど、大丈夫？」と友人に聞かれたことがあります。生徒や保護者はもちろんのこと、同僚の先生方や職員、管理職とも関係性を築いていかなくてはならないからでしょう。ここでは、生徒との信頼関係の構築と、同僚との協力体制についてお話します。

「教員対生徒」の前に「人間対人間」である

学校の中では、私たち教員は「教員」という立場で、生徒は「生徒」という立場で過ごしています。お互いに常にそのことを意識して行動しているわけではありませんが、何かの拍子に「先生なのにこれをしてくれない」「生徒はこうするのが当たり前」等の発言が出てくることがあります。もちろん、その言葉が当てはまるときもあるかもしれませんが、どちらも「ひとりの人間」であることを忘れてしまうことがあります。

例えば、授業開始時に生徒が遅刻した場合、たいていの場合、教員が注意します。しかし、その教員が授業に遅刻したとしましょう。生徒に教員を注意することは難しいので、「あの先生、他人の遅刻は注意するくせに、自分は時間守らないな」となり、信頼を失ってしまうのです。

しかしながら、ここで教員も生徒と同様に「遅刻してごめんなさい」と言うことができれば、問題はないのです。「先生なんだから、生徒にできないことでもできる」と思われがちですが、そうではありません。教員も人間なので、失敗することもあります。そうしたときにどのような対応をするのかで、生徒との信頼関係が変わってきます。よく話題になる教員がやりがちな例を挙げますので、自身の対応も含めて考えてみてください。

- 挨拶　生徒からの挨拶を求める、生徒が挨拶しているのに挨拶しない
- 連絡　生徒の行動に関わることを連絡しない、連絡の遅れを謝らない
- 誠実さ　生徒から頼まれたことをやらない、保身のためのうそをつく
- 身だしなみ　髪の毛がボサボサ、身だしなみを清潔にしていない
- 言葉遣い　生徒に対して横柄な言葉遣いをする、ハラスメントに近い言動

同僚との協力体制の鍵は、「情報共有する時間」の確保

同僚との協力体制については、情報共有する時間を確保することがもっとも大切だと感じています。学校全体の情報共有の場として、職員朝会があったりする学校も多いでしょう。朝会は、全体に周知する場として設けられていますが、学年団や分掌、部活動のような小さいグループで情報を共有することが大切です。

その簡単な方法は、教員がたくさんいる場所（多くは職員室）で仕事をすることです。以前、先輩教員から「担任は、教科準備室ではなく職員室で仕事をしなさい」と言われたことがあります。最初は何のことかわかりませんでした。しかし、職員室にいるとさまざまな教員から、クラスの生徒の話を聞いたり、クラスでは見ることができなかった生徒の他の一面を知ることができたりしました。わざわざ情報共有する時間が取れなくても、職員室にいる時間を増やすことで、協力体制につながりました。

第4章

8月～9月

（長期休業～明け）

August - September

#面談　#長期休業

夏休み明けに問題がある生徒への対応

夏休み明けは、生徒たちの頭髪や身だしなみなどに変化が生じることがあります。その背景にはさまざまな理由があります。学校外で過ごした時間や家庭環境に影響を受けることもあれば、本人の軽い気持ちや勢いのこともあります。

一方的な指導ではなく、受容と共感の精神で接する

特に注意すべきなのは、生徒たちの事情も聞かず、一方的に指導をすることです。いきなり叱られると反発や無気力などから不登校へつながることもあります。生徒たちにも何かしらの理由があって、そういった行動に出ているはずです。それらを丁寧に対話しながら、**まずは受容と共感の姿勢で生徒と接していくことがよい**でしょう。

必要に応じて、養護教諭やスクールカウンセラー、スクールソーシャルワーカーなどと連携する

二者面談なども実施して、個別に対応することも必要です。夏休みは生徒によっては、学校から離れ家庭で過ごす時間が長くなります。**家庭環境などに何か変化がある場合は、養護教諭やスクールカウンセラー、スクールソーシャルワーカーなどと連携が必要なこともあるでしょう**。また、夏休みの思い出を聞くことも、生徒の家庭環境などでかなり差が出る部分です。「体験の格差」によって生徒が傷つかないように十分に配慮しましょう。

夏休み明けは生活のリズムも変わりますし、気温が高いことが多く、生徒にとっては、かなりハードな時期です。無理せずにできることを少しずつこなしながら進めていけるとよいでしょう。教員は、生徒には個人ではなくチームで対応するように心がけましょう。

夏休みの振り返りのポイント

夏休み前には、生徒も「40日間の計画を立てるぞ」とはりきって予定を立てるものです。その夏休みの計画はどれくらい達成できたかを、確認することも大切です。

✦ | 計画はまず立てることが重要

おそらく、目標を完璧に達成できたという生徒は、ほとんどいないでしょう。私たち教員でも達成できる人はまれです。それは当たり前のことです。人生が計画的にいかないのと同じように、たった40日であってもうまくいかないものなのです。

生徒が後悔していたら、「そもそも100%を達成するのは難しい」となぐさめましょう。生徒から「計画どおりにいかないのであれば、計画を立てる必要はないのではないか」という質問も出るかもしれませんが、そうではありません。**計画がなければ、実行することさえ困難になります。計画することの重要性を伝えましょう**。

✦ | 達成できなかった理由を考える

さらに、大事なことは**どこが達成できなかったのか、どうして達成できなかったのかという部分を考える**ことです。この作業をすることで、次の計画や取り組みがうまくいきます。

その上で、本当にその計画は必要だったのか、計画を立てる時点で無理はなかったかという部分にも着目しましょう。**達成できなかったものの中には、「そもそも達成する必要がなかった」というものも含まれていることが多い**のです。夏休み前に立てた計画をもう一度見直し、生徒と一緒に振り返ってみましょう。

宿題ができない理由を考える

夏休みの宿題は、夏休み明けになると必ず話題になります。そして提出できなかった生徒に対して、教員は「どうして計画通りにできなかったんだ」「明日までに必ず持ってきなさい」というような注意をしがちです。

✦ | 宿題ができない生徒には理由がある

宿題を締切までに提出することについて指導するのは間違っていませんが、生徒それぞれに事情がある場合もあります。例えば身内に不幸があって宿題どころではなかったかもしれないし、家庭を助けるために、遠方でずっとアルバイトをしていたかもしれません。

また、教員側の問題として、宿題の量は適切だったのでしょうか。宿題は各教科で出しているので、それだけ見れば適切かもしれません。しかし、各教科で同じような量の宿題を出していたら、教科の分だけ量が増えます。さらに、進路指導部からオープンキャンパスに行くなどの課題も出ているかもしれません。教員側としても夏休み前に**宿題の全体量を把握するべき**でしょう。

✦ | 宿題が原因で不登校になる場合も

そして、**宿題を提出できない生徒が、怒られるのを恐れたり、宿題が完璧に仕上がっていなかったりというような理由で、学校を休みがちになってしまうこともあります**。「宿題をやってないくらいで学校休むなんて」と思うかもしれませんが、現実としてそのような生徒は増えています。休みがちになってしまった生徒には心のケアをしつつ、宿題についてもあまり生徒を追い詰めないように、適切な量を教員間で調整しましょう。

August - September

人間関係の悩みを持つ生徒への対応

中学生から高校生になる際、これまでの友人関係も大きく変化します。こうした状況の変化によって、些細なことから問題も生じてきます。

夏休み明けは友人関係のトラブルが起こりがち

夏休み明けは友人関係にも変化が見られ、**人間関係のトラブルが起こりやすくなります**。

一方、これまで自分の気持ちを押さえてつき合ってきた生徒は、夏休みを迎えひとりの時間も増え、**関係を築いてきた友人たちから距離をおきたいと感じる**こともあります。人と関わりたくない精神状態になってしまうと、家から出たくなくなるなど、なかなか取り返しのつかない状況へつながる可能性が出てきてしまいます。

人間関係の悩みを持つ生徒とはつながりを保っておく

こうした状況が見られる生徒には、どのように接していけばよいでしょうか。夏休み前に休みがちであった場合は、タイミングをうかがいながら**夏休み明けに自宅訪問を行ったり、学校へ来てもらったりする時間を設定することをおすすめします**。学校に来てもらうときに、他の生徒の目が気になる場合もあります。朝早くや下校時間後など、他の生徒が登校していない時間や場所を選ぶような工夫をするとよいでしょう。その際、決してこちらからの一方的な会話にならないように心がけます。「話を聞いてもらえた」という安心感を持てるように努めましょう。教員や学校とのつながりを保つことが大切です。

August - September

#教育相談

不登校傾向の生徒への接し方

２学期が始まる頃、不登校傾向の生徒が増えてくることがあります。理由としては、１学期に張り詰めていた気持ちが長期休業中に緩み、そのままなんとなく学校に行く気持ちが下がってしまい、登校が難しくなることなどが挙げられます。また、人間関係のトラブルや家庭環境の変化で学校に来づらくなる生徒もいます。このような生徒には、どのように接していけばよいでしょうか。

✦ | 原因はわからないままでもいい

不登校傾向の生徒の中には、**自分で不登校の原因がわかっている生徒とそうでない生徒がいます**。不登校の原因がわかっている生徒に関しては、話を聞き、その原因を少しずつ取り除いていくことで、徐々に学校に来られるようになることもあります。

不登校の原因がわからない生徒に関しては、本人がわからないのですから、もちろん教員にもわかりません。

そのようなときには、生徒に寄り添って何気ない話からしていくようにしましょう。「今何が一番楽しい？」とか「最近ハマっていることはある？」などでいいのです。**まずは、教員と対話をすることに壁を作らないことが第一**です。その後、対話が多くなるにつれ、生徒が自分自身を見つめることができるようになり、原因はわからなくても、学校に来られるようになるケースもあります。また、生徒だけではなく、保護者と連携することで、よりよい方向に進むこともあります。くれぐれも教員側が決めつけたり、推測で話したりして急いで学校に来させることはやめましょう。**ゆっくり自分と向き合う時間も必要な生徒もいる**のです。

二者面談で悩みを聞き取る

この時期の二者面談では、１学期に成績が振るわなかったこと、人間関係や部活動の悩みを抱えてしまっていること、また進路変更や学校を辞めたいといったこと等のさまざまな相談を受けることがあります。夏休み中に考える時間ができ、自分について振り返った証拠ともいえるかもしれません。この時期の二者面談はどのように対応すればよいでしょうか。

1 生徒の発言の裏側にあるものを見極める

まず、生徒の悩みを聞くことから始めるのはいつもと変わりませんが、**生徒がその発言に至った背景を探ってみましょう**。クラスの友達に何か言われてそう感じたのか、または親に言われて納得はしていないけど従っているとか、生徒には生徒の事情があります。

この部分をおろそかにして、生徒の発言を真に受けて動いてしまった結果、誰も幸せにならない結果を生み出すこともあります。**生徒が自分の意思で発言しているのか、周りに流されて納得もせずに発言しているのか見極めながら対応する必要があります**。

自分の意思で発言しているのであれば、こちらも根拠を持って対応します。例えば、１学期の成績が振るわないということであれば、どの教科・科目のことを言っているのか。人間関係であれば、どの関係のことを言っているのか。進路変更については、たくさんの情報を提供しながら、その進路変更が正しいかどうか一緒に検証していくことが大切です。

周りに流されて発言している場合は、本人の意思を少しずつ明確にできるようなアドバイスをしたり、２学期は、より注意深く生徒の様子を見ていきましょう。

August - September

児童虐待・ヤングケアラー

講演会や友だちと話したことをきっかけにして、家庭環境の違和感に気付く生徒は少なくありません。これまで当たり前だと思っていたが実は虐待行為だった。しかし保護者から口止めされていたり、生徒自身がその生活に慣れようとしていたり、家族関係を壊したくないと思っていたりする場合もあります。とはいえ、**最も大切なことは、このような状況を早期に発見すること**です。事実を把握したら校内体制を整え、生徒と共に適切な支援について考えます。そして、児童相談所や警察、子ども家庭支援センターなどに相談して支援できる方法を探していきましょう。

✦ | 児童虐待は身体的なものだけではない

児童虐待は身体的な虐待だけでなく、心理的な虐待、性的虐待、ネグレクトがあります。2000年に成立した児童虐待防止法では、学校の教職員は早期発見に努めること等を定めています。身体に不自然な外傷がある場合、担任だけでなく養護教諭等と連携して確認するようにしましょう。また、**これまでより表情が乏しくなったり家に帰りたがらなくなったり、教員に執拗に関わってこようとするときも生徒の変化のサインです**。気になる変化は複数の教員で共有しましょう。

✦ | 本人はヤングケアラーだと気が付いていない

ヤングケアラーは、単なる家の手伝いと思っていることも少なくありません。家の手伝いをすること自体は悪くないのですが、在学中に学業や部活動に専念できないことは、生徒自身の将来の選択を狭めてしまう可能性があります。家庭の状況を確認しながら、慎重に支援していきましょう。

August - September

どこから不適切な指導・体罰なのか

「教育上必要がある」と認められたときには、懲戒が認められます。「懲戒」とは、退学や停学といったものもありますが、生徒を叱責したり、処罰したりすることも懲戒にあたります。しかし、行き過ぎると不適切な指導や体罰につながるので注意が必要です。

言葉だけでも体罰になりうる

多くの生徒の前で「こっちに来なさい」と大きな声で生徒を指名した場合、どのように捉えるかは本人次第ですが、**怒鳴ったり、机を叩いて威圧したりすることは、懲戒の範囲を超えた不適切な指導とされています。**さらに、この出来事が原因で体調が悪くなったり学校に来られなくなったりした場合、「体罰」に当たることも考えられます。**体罰とは「身体に対する侵害や肉体的苦痛を与えた」と判断された場合を指す**からです。

生徒がどのように感じるかはわからない

生徒がどのように感じるかを想像しながら指導することは難しいものです。正当防衛で大きな声を出すこともあれば、生徒の成長を期待して大げさな言葉をかけることもあります。生徒の健康状態や心身の発達状況などにもよるため、常に適切な指導ができるとは限りません。

しかしながら重要なことは、**「かつてはこれくらいの指導が許された」と慢心せずに、生徒の人権を尊重した適切な指導をする**ことです。今は、**罰として生徒を指導するのではなく、繊細な生徒を支援する姿勢が教員に求められています。**良かれと思ってしたことが、長時間にわたって一方的な説教をされたと誤解されてしまわないように、くれぐれも気を付けていきましょう。

August - September

部活動のとらえ方

部活動においては、地域移行が進められ、その運用は地域や学校種によってさまざまなようです。高校の部活動も地域移行する方向性ですが、当面は多くの教員が顧問として担当することになり、生徒と共に過ごすことになるでしょう。

1 部活動＝生徒の居場所の一つ

一昔前は、部活動には全員加入の学校が多く、文化部・運動部の制限はないものの、何かしらの部活動に入らなければならないと決まっていました。しかし、**昨今では部活動への加入を自由化している学校も増えてきている**ようです。

その流れを否定はしませんが、全員加入は全員加入で良い面もあったと思います。それは、**生徒の居場所の一つになっていた**点です。部活動の仲間とうまく関係性が作れていれば、学校に来るモチベーションも上がるでしょう。また、**授業中には見られない姿が部活動中に見えてくることもあります**。

ただ、生徒が嫌がっているのに無理やり入らせるのはよくありません。現在では、学校の外にも生徒の居場所になる場所はたくさんあります。学校にあるものだけで選択するのではなく、部活動の在り方について、生徒、顧問を含めて考え直す必要がありそうです。

教員の負担の一つに部活動の顧問があるでしょう。野球部の顧問をしたいから教員になったという人もいれば、土日の練習や大会引率などを含めてできるだけやりたくないという人もいます。全国大会に出場することや、コンクールで優勝したいことを目標にしているのは顧問だけ、とりあえず部活動に入ってみたという生徒も少なくありません。部活動の意義はわかりつつも、生徒も教員も無理のない範囲で持続可能な活動や指導体制を考えていきたいところですね。

August - September

#進路

〈3年生〉就職面接試験の服装指導

3年生はいよいよ就職試験が近くなってきて、面接試験の対策にも熱が入る時期です。当日の服装の準備も進めていく必要があります。

面接試験前日の洋服の準備

面接試験前日に、ワイシャツやブラウスにアイロンをかけるなどして、しわのない清潔なシャツを身に付けられるように準備をします。スカートやズボンは当て布をしてアイロンをかけることで、テカリを予防できます。

風通しのよいところに干して、裾やポケット等にほつれがないかも確認します。また足元は面接のときに目立ちますので、靴の汚れがひどい場合は前もって洗ったり磨いたりするように伝えましょう。

靴下は学校の指定靴下がない場合、目立たない色・柄のもので、くるぶしが隠れるものを履きます（ビジネスパーソンは大事な商談のときに、くるぶしが見えるソックスを履きません）。

面接試験当日は正しい身だしなみで出発・帰着する

当日は、自宅を出てから事業所（会社等）に到着するまで、そしてその会場から家もしくは学校に到着するまでは油断できません。**家を出た瞬間から「誰かが見ているかもしれない」という意識を持って行動する**ように伝えます。

例え暑い日であっても、制服を着崩したりせず、正しい身だしなみで出発・帰着します。**判断に迷う場合は、進路指導担当の教員に聞くだけでなく、「社会人としてのマナー」を意識して服装を整えましょう**（例：第一ボタンを締める、ネクタイやリボンを緩めない、長袖の場合は袖のボタンも締める、ズボンを下げない、ベルトは制服と同系色にする、スカートの丈を短くしない等）。

不登校を経験した子どもの親として

教員の子どもが不登校に

私の子どもは、中学生のとき、ほとんど学校に行かず、不登校のまま卒業しました。我が子が学校に行けない・行かない状態になったときに、親としては、まずその状態は「受け入れがたい」ものでした。なぜ学校に行かないのか、サボりたいだけではないのか、お腹が痛くなるから休むなんて甘えだ、私のしつけが間違っていたのかも、将来が困ったことになる、学校に行きなさい、と親として葛藤しつつも子どもを責める日々でした。教員として学校では生徒に「辛いときは無理せずに休んだらいいよ」と諭すことが多かったのですが、我が子には「厳しい親」としての顔になってしまいました。この対応は親子関係をギクシャクさせ、逆に解決の糸口が見えなくなりました。

振り返ると、当時の私は、不登校は「問題行動」の一つと思い込んでいたのです。学校の生徒には「無理せずに休んでもいい」と言えたのは、生徒が登校すること、つまり、「休んでもいいけれど学校に戻ってくるんだよね」という暗黙の了解があったからだと思います。

親の気持ち

子どもが不登校になると、学力が伸びない、大学に進学できない、社会性が身に付かない、引きこもりになって自立できなくなるなど、親は子どもの暗い将来を想像してしまいます。いつ不登校が「治るか」わからない、先を見通せない不安から、親としていかに早く子どもを学校に行かせるか、不登校を「治す」という思考になっていました。

今思うと、それは単なる親の「妄想」に過ぎないのですが、私が教師だからこそ、不登校に対する思い込み（問題行動の一つ、治すもの・治るもの）もあり、子どもとまっすぐに向き合うことから避けていました。

不登校は「問題行動」ではなく、成長の一つ

平成28年に「不登校とは、多様な要因・背景により、結果として不登校状態になっているということであり、その行為を『問題行動』と判断してはならない」

と、文部科学省初等中等教育局長名で発出された『不登校児童生徒への支援の在り方について（通知）』で明確に書かれています。恥ずかしながら、不登校について、私の知識がアップデートされていなかったのです。

親子関係を修復できたのは、中学校の先生が、スクールカウンセラーを紹介してくださったからです。子どもは会いたがらなかったのですが、夫婦でスクールカウンセラーから助言をもらい、子どもの状態の見取り方や対応の仕方を学ぶことができました。不登校は「治す」ものではなく、「認める」もので、子どもの成長（状態）の一つに過ぎないのです。

不登校の理由を言語化することのむずかしさ

文部科学省の調査から高校のデータを確認すると、2014年（平成26年）は、不登校の高校生はおよそ５万3000人（1000人あたり15.9人）でしたが、2023年（令和５年）になると、高校で６万9000人（同23.5人）でした。この文部科学省の調査報告書のタイトルは「児童生徒の問題行動・不登校等生徒指導上の諸課題に関する調査結果」であり、一見すると、不登校が「問題行動」の一つとして捉えられてしまう恐れがあるのでは、と思います。

実は、不登校の要因を児童生徒に直接聞き取った事実（データ）はありません。2023年の調査では「学校生活に対してやる気が出ない等の相談があった」という回答が高校も32.8％と最も高いのですが、この回答はあくまでも教員が「不登校生徒について把握した事実」のデータです。

もしかすると、学校生活に対してやる気が出ないと「相談」したのは、生徒本人とは限らず、その親かもしれません。教員が生徒の友達から「○○さんが学校を休んでいるのはやる気が出ないからなんだって」という情報だったのかもしれません。私の子どもの不登校の理由は「やる気が出なかった」に相当します。しかし、学校を休んでいたのは、「やる気が出なかった」からだと、その理由も含めて子どもが説明できるようになったのは、中学校を卒業してから１年以上経ってからでした。この経験から、不登校の子どもたちに、学校に行かない理由を説明してもらうのは、実はかなり難しいと感じました。

不登校を経験した子どもの親として

「やる気が出ない」と感じているのはなぜか。学校に行きたくないのはなぜか。

これを言語化できるまで「待つ」ことが、親としても教員としても、不登校の子どもを理解するときに、もっとも大切なポイントではないかと思います。
　不登校の数だけ、困っている親がいます。不登校の親の会に参加したり、フリースクールのスタッフとお話しする中で、不登校の支援では「登校させること」を主目的にはせず、その子に合った場所とつなぐこと、その子の親の困り感に共感し相談できる人や機関とつなぐことが、教師として求められると確信しました。

第5章

9月～12月

（行事が多い時期）

September - December ●●

#学校行事

2学期はメンタルヘルスのケアを大切に

9月から12月は学校にもよりますが、行事が多くなる時期です。体育祭や文化祭、修学旅行、マラソン大会など、さまざまな行事があります。特にクラス単位で動く行事は、生徒たちの人間関係の問題が顕在化することが多いです。

✦ | 行事の話し合いの前に対策をしておく

グループ分けや話し合いなどでは、生徒によっては自分の意見が通らなかったり、希望通りにならなかったりすることもあります。**クラスの中にも緊張感が生まれ、対立が起こり、生徒の人間関係も変化する時期**です。

そこで、このような話し合いに臨む前に、生徒たちと事前に心配事などを共有しながら、なるべく不安を聞いておくとよいでしょう。事前に話すことができれば、打てる対策も考えることができます。**生徒たちにとっては行事関連でストレスが溜まりやすい時期**にもなるので、生徒がどのような状況なのかを把握できるように努めることが大事です。

✦ | 欠席が多い生徒の出席日数を確認する

また、出席が足りずに単位取得が困難になる生徒もこの時期に出てきます。単位未修得の場合、転学・退学・原級留置などかなり厳しい選択を迫られることにもなるので、こまめに連絡をしたり、スクールカウンセラー・スクールソーシャルワーカーなどと連携したりしながら、適切な対応ができるように心がけましょう。

2学期は授業日数も多いですし、就職試験や推薦入試、模擬試験が続いたりする時期でもあります。思うような結果が出ないこともありますので、メンタルヘルスのケアを怠らないよう、生徒と関わりましょう。

September - December

#長期休業　#ICT

夏休み明けの生徒の不安を取り除く

夏休みが明け、新学期が始まるとともに、学校に意識が向かなくなる生徒が出てきます。

✦ | 夏休み明けに生徒が不登校がちになる理由

これは全国的な傾向ですが、その原因はさまざまです。今まで習慣的に続けていた通学が、長期の休業でいったん途切れ、「学校に行かない」ことが習慣になってしまったという理由や、夏休みに学校よりも面白いことを見つけて、それに夢中になるあまり、学校に行く意味を見出せなくなってしまったという理由、久しぶりに学校に行くので、友達が今までと同様に自分を受け止めてくれるか心配等々、本当にさまざまな理由があります。

教員にできることは、**1学期と変わらない態度で生徒を受け入れること**です。現在では、物理的な距離を越えることができる、ICT機器も揃っています。それらを活用すれば、いつどこにいても生徒とつながることができます。

✦ | 生徒が抱えている心配や不安を取り除く

学校や学年にもよりますが、夏休みに登校日を設けている学校もあります。また、夏休み中も週に一度オンラインでつないで、教員から生徒に声をかける取り組みもあります。**多感な高校生の時期、できるだけ心配や不安を取り除く工夫をしましょう**。

それでも、不登校になってしまう生徒はいます。生徒一人ひとり事情は異なるので、生徒の気持ちに寄り添いながら、解決策を探っていくとよいです。友達同士のトラブルが原因かもしれませんし、家庭環境の変化かもしれません。まずは、生徒の話を聞いて、生徒と一緒に今後の方向性を考えていきましょう。

防災訓練と防災意識の向上

この時期に防災訓練をする理由として、９月１日の「防災の日」が挙げられます。防災の日は、関東大震災の発生を教訓として制定されましたが、台風が多く発生する時期であるため、この時期に防災訓練を実施する学校も多いでしょう。

✦ ｜ 避難訓練の内容は地理・地形に合わせて行う

地域によっては、その地域で起きた災害に関係のある日に防災訓練をしているところもありますし、土地柄や地域性によって防災訓練の内容は変わってきます。例えば、海に面している学校であれば、津波に対しての防災訓練になるでしょうし、山間部の学校であれば、土砂崩れに対応するような訓練になるでしょう。学校の近くに川が流れている場合は、大雨で川が氾濫することが考えられますし、汎用性があるものとして地震等も挙げられます。

自助・共助までが高校生に期待されている役割です。総合的な探究の時間で下記のような教材を用いて、防災意識を育成するのもよいでしょう。

「わたしたちの地域の課題（災害復興・防災編）」

https：//www.nhk.or.jp/chiiki/teaching/quest/03/instruction01.html

✦ ｜ 学校で地震が発生した場合の避難訓練

その中でも一番、防災訓練で実施されることの多いテーマは地震かもしれません。地震による火災も考えられます。

教員は生徒を安全に誘導できる導線を事前に確認しておくだけでなく、物が落ちてこない場所やすぐに広い場所へ出られる扉などを押さえておきましょう。

アセスメントテストの活用（4月との比較）

教育心理系のアセスメントは、継続的かつ定期的に実施して、生徒やホームルームの変容を確認するのが効果的です。『学級づくりのためのQ-U入門「楽しい学校生活を送るためのアンケート」活用ガイド』（田上不二夫監修、河村茂雄著、図書文化社）や『学校適応感尺度ASSESS』（公益社団法人学校教育開発研究所）などを４月に実施していれば、９月～12月の間に２回目を実施すると、生徒やクラスの変容を確かめることができます。

結果をどのように活用するか

アセスメントの結果は、学年会議や校内研修などで共有し、アセスメントをもとに学年の状態を把握する材料になります。そして、それぞれの担任がクラス経営をどのように行ってきたのか、それぞれ工夫してきたことや配慮してきたことを話し合い、年度末までに何をどのように改善していくのか、クラス経営の修正点を出し合うとよいでしょう。

学年全体で**自己肯定感が下がっている生徒や学級満足度が低い生徒、居場所がないと感じている生徒や、いじめを受けていると思われる生徒をピックアップ**し、担任を通じて早めに二者面談を行うように確認し、必要に応じて保護者との面談も設定します。

これらのアセスメントは、生徒がより良い学校生活を送るためにどのような支援が必要なのか確認するためのツールです。**生徒が他者に見せたくない内面にふれる可能性もあります**。そのため、アセスメントの活用について、この時期にあらためて書籍を読み直したり、研修を受けたりするといいでしょう。

ソーシャルスキルトレーニングの実施

SNSなどが普及した現在、高校生の友人関係は複雑化しました。コミュニケーションに関する問題は、多くの人に共通する悩みです。学校でできる取り組みについてご紹介します。

✦ | 積極的に取り入れたいソーシャルスキルトレーニング

学校では「傾聴」や「アサーション」などをスキルとして扱うことがありますが、このようなトレーニングを学年などの取り組みとして、探究学習のグループワークの前などに取り入れるのもおすすめです。

傾聴やアサーションなどは、教材も豊富なので、具体的なケースを想定してワークなどを実施してみるとよいでしょう。

✦ | グラウンドルールをしっかり共有しておく

ワークの際に大事なのは、そのワークをする際の約束事（グラウンドルール）です。ソーシャルスキルは訓練や学習によって獲得できる技能なので、**誰でも習得可能なこと、お互いに緊張してできない場合は待ってあげること、失敗してもよいこと**などを事前に伝えましょう。そのような配慮をしつつも、授業はトレーニングなので、自分なりでいいから背伸びもしてほしいことも伝えましょう。

ワークでは、**お互いに小さなことを承認する機会ができるとスムーズに進みます**。また、実際にソーシャルスキルを日常で活用する場面もあるかもしれません。そのことも想定して、もし相手が自分にソーシャルスキルを使ってきたら、「何だよ！」と思うのではなく、「私のことを大事に思ってくれているんだな」と考えてほしいなども伝え、なるべく優しい雰囲気を作ることができるとよいでしょう。

September - December

自分の居場所の見つけ方

高校生になると、社会との関わり方を学ぶ機会も多くなってきます。学校に限らず、課外活動やアルバイトなど、生徒たちはさまざまな場面で社会とのつながりを感じていることでしょう。これまで過ごしてきた地域から外に出て、少し遠くの学校に通うことになった生徒にとっては、中学校までの生活と比べて、毎日が刺激的かもしれません。

変化に気付く

これまで学校と自宅の往復だった生徒たちが、社会に目を向けることになったことは視野が広がったとも言えますが、その分、リスクもともないます。これまで出入りをしたことのなかった場所に出かけたり、夜間に行き先も告げずに外出したりすることがないか、生徒の些細な変化に気付けるよう保護者と共に教員も注視しておくとよいでしょう。

自宅が安全な居場所になっていて家族に何でも話せる場合もありますが、中にはそうでない生徒もいます。学校からなかなか自宅に帰りたがらないそぶりや発言が出たときは、時間をとって話を聞きましょう。

「サードプレイス」の提案

学校で活躍できるところがあり、居場所になることが望ましいですが、そうでない生徒には社会学でいわれる**「サードプレイス」を提案してみましょう。**学校や自宅以外のリラックスできる場所を確保するのです。地域の図書館でもいいですし、少し落ち着ける公園のベンチでもアルバイト先の休憩室でもいいのです。自分の見ている世界だけではなく、客観的に自分とその他の人間関係を見られる場所を作ることで、生徒自身が自分を取り巻く環境との関係を見つめ直すことにつながります。

高校生に必要な人権教育

多様性が尊重される時代になり、人権教育はますます重要度が高まってきています。男女差別や性的マイノリティー、外国にルーツを持つ生徒やネット上での倫理問題（デジタルシティズンシップ）など、ありとあらゆる場で人権尊重の機運が高まっています。

✦ | 人権に関する話題が目に見えるようになってきた

「○○ハラスメント」という言葉もかなりの種類が存在します。SNSの影響も大きく、**誰でも簡単に発信できるようになったため、人権に関する問題提起や匿名での誹謗中傷も増加しました**。ちょっとした発信が炎上騒ぎにつながることも多く、誹謗中傷などがネット上に「デジタルタトゥー」として残ってしまうなどの問題もあります。

✦ | 人権教育をする上で留意したいこと

人権教育では次の２点を留意しましょう。

１点目は、**人権をテーマに扱う際に、人々を一括りにまとめてしまう危険性**です。例えば、性的マイノリティーであれば、Ｌ・Ｇ・Ｂ・Ｔ・Ｑなどで分類をされることがありますが、性の認識はグラデーションであると言われており、人によって千差万別です。事象はかなり個別具体であることを伝えることが必要です。

２点目は、人権教育は講演会などの単発的なものではなく、**学校生活全体を通じて意識されるものである**ということです。日々の人との関わり方や授業などを通じて、生徒は人との関わり方を学習していきます。教員が、それぞれの生徒を尊重することは、生徒の人権意識の向上にもつながるので、日々の意識こそ大事だということは忘れないようにしましょう。

September - December

薬物乱用・飲酒・喫煙の影響について

薬物の乱用は若年層にも増えてきているので、学校においても指導が必要です。中には身近な人が薬物に手を出してしまったということもあり得ます。該当者が在学していれば、慎重に話を聞く必要があります。学習の際には、生徒の置かれている生活環境にも配慮しましょう。

飲酒や喫煙は「ゲートウェイドラッグ」として注意

また、**未成年の飲酒喫煙は「ゲートウェイドラッグ」とも呼ばれ、薬物乱用につながりやすい傾向があります**。生徒へ十分に注意喚起をする必要があります。

一般的には警察や薬学関連の専門講師を呼んだ講演会などで全体に実施することが多いですが、薬物乱用経験者の治療施設もリハビリの一環で講演活動を行っているので、そちらに依頼するのも有効です。さまざまな角度から啓発し、生徒の将来を守るために丁寧に進めていきましょう。

薬物が身近になってきている危険性

現代はSNSも広まってきたため、以前よりも簡単に薬物が手に入るようになってしまいました。また、芸能人やスポーツ選手の事件がニュースで報道されることも多く、その影響力も大きいため危険性も高いです。

また、**薬物乱用は麻薬やマリファナなどだけでなく、薬局などで売られている一般商品の大量接種なども含みます**。いわゆる「オーバードーズ」（OD）です。こちらは簡単に手に入るため、生徒が乱用してしまう危険性があります。

薬物乱用の背景には、精神的に満たされていない状況が必ずあります。教員としては、その危険性の周知とともに、生徒たちが安心して過ごせる環境づくりが大事です。

September - December

お金に関する知識はトラブル回避につながる

お金に関する知識（マネーリテラシー）は、豊かな人生を送る上で必要ですが、生徒指導関係においても重要です。トラブルに巻き込まれないためにも、関係する教科などと連携して、必要な知識を身に付けていくことが求められています。

｜闇バイトの危険性

近年、SNSを通じて、若者たちに闇バイトの募集や勧誘などが届き、特殊詐欺などの犯罪行為に加担してしまうことが問題になっています。「簡単に短時間で稼げる」などのうたい文句で、キャッシュカードの貸し借りや譲渡、荷物を運ぶだけなど、さまざまな種類の勧誘が広がっています。**闇バイトは基本的に犯罪行為**です。「1回だけだし、ちょっとならいいかな」という気持ちで手を出してしまうと、とても危険です。知り合いの勧誘などであっても十分に注意させ、危険を感じたら、学校や警察に相談することを繰り返し伝えましょう。

｜マネーリテラシーはトラブル回避のためにも必要

お金に関する知識は、公民科や家庭科などの授業で扱われる内容でもあります。**トラブルを回避するには、契約や金融についての知識や、物事の相場を知り、比較できるようになることなどが有効**です。そのような知識があれば、事前にトラブルを回避することができます。

18歳からクレジットカードを持つことができるようになりましたが、取り扱いについては注意が必要です。リボルビング払いやカードローンなど利息も高く、利用するには注意が必要です。安易な選択が今後の人生のトラブルにならないように、お金に関する知識はしっかりと身に付けさせたいところです。

September - December

#進路　#ICT

〈3年生〉入試前のメンタルヘルスケア

入試が目前に迫っているこの時期は、受験をする3年生は何も言わずとも勉強をしている生徒が多いです。後は生徒たちに任せておけばよいという考えも生まれてきますが、実はそうではないのです。入試が迫ってくるこの期間、生徒は精神的にかなりダメージを負っています。

共通テストまでの流れを伝えて安心してもらう

例えば、直前の模擬試験の判定が悪く、志望校に受かるか不安という生徒もいれば、緊張しすぎて勉強に集中できなくなる生徒など、それぞれに不安を感じています。この時期は、生徒を落ち着かせることを意識しましょう。

具体的には、**大学入学共通テストまでの流れを具体的に伝えておくことです**。冬休み中は生徒も教員も自宅で過ごすことが多いでしょう。そうなるとなかなか連絡が取れなくなるので、その前に年始から共通テストまでの日程や起こりうること共有しておきます。**人間は誰でもよくわからないことや先が見えないことに不安を感じます**。その不安を取り除くのは難しいですが、できる限り和らげてあげるのです。また、生徒が成功イメージを持てるように、過去の合格体験記等を紹介するのもよいでしょう。勉強がはかどらないときのモチベーションにつながります。

仲間がいることを伝え、背中を押してあげる

そして最後にはやはり、**「全員で頑張ろう！受験は団体戦だ！」と、仲間がいることの大切さを伝えましょう**。休み中にも学校で使用しているオンラインツールなどで連絡ができる場合は、そこで伝えてもよいですね。孤独に押しつぶされそうな生徒はたくさんいます。「みんなで乗り切ろう」と背中を押してあげることで救われるはずです。

教員自身が苦しくならないように

あなたは今、生徒のために頑張りたい、保護者の期待に応えたい、教員になったからには理想の教師像を貫きたい―などと考えているでしょうか。それはとても素晴らしいことですが、相手のある仕事は、自分の思い通りにいかないことばかりです。ましてや子どもと一日中接する教員の仕事は、大人を相手にする会社員の仕事とは違った楽しみや難しさが共存します。さらに、自分よりも年上で経験の多い保護者や同僚と共に働くことは、学ぶこともたくさんあるものの、想像以上のストレスやプレッシャーを感じることもあるでしょう。

教員の仕事は授業だけでなく、校務分掌の仕事や部活動、考査の作成・採点・成績をつけるなど、同時進行で行わなければならないことの連続です。一つの業務だけやればいいのならその業務だけに全力を注ぐことができますが、そうはなかなかいきません。そこに突発的に生徒指導や教育相談の案件が重なると、何からすればいいのか、何に力を注げばいいのかわからなくなることもあります。ここでは、そのようなときに、どのように対処していくかを紹介します。

業務の優先順位をつける

まずは、今一番やらなければならないことから順に、番号をつけていきます。付箋に書いてデスクに貼ったり、Todoリストを用いたり、手帳に書き出してみてもよいでしょう。経験のある業務であれば順位をつけやすいですが、業務量とその業務に要する時間がわからない場合は、前任者や周りの教員に聞いてみましょう。

また、一つの基準として、自分ひとりで判断したり作業したりできず相手がある業務（例えば、調査を依頼して回答をもらう、クラスで話し合った結果を持ち寄ってもらうなど）は、さまざまな過程を経るため業務量が増え、多くの時間がかかります。このように相手にお願いしないと業務が進まないような場合は、期限から逆算して早めに依頼しておくとよいでしょう。

仕事と自分の時間の線引きをする

退勤後、校門を出てから「あれもこれも」と今日すべきだった業務を思い出すことがありませんか。自宅に着いてからも、学校のことを思い出して仕事モードから自分モードに切り替えられないことがあるかもしれません。時に学校や生徒のことが夢に出てくるなどということもあるでしょう。いつでも生徒のことなどを考えているのは仕事熱心とも言えますが、自分を大切にするためにも、仕事と自分の時間の線引きはしておきたいところです。

おすすめの方法は、退勤前に翌日以降に行う業務を書き出しておくことです。さらに、その業務を行う時間帯をざっくりと決めておくと、1日の中ですべきことの優先順位をつけやすくなります。紙や手帳に枠を作っておいて、①出勤後すぐ、②授業の空き時間、③放課後、④時間ができたら、などと分けていきます。直接書き込んでもいいですが、1タスク1付箋に書いて貼ると、その時間内に終わらなかったときに貼り換えができるので便利です。これを作った状態で退勤すれば、翌日にすべき業務が追加されたとしても、本来その日にしようと思っていたことを忘れてしまうことがありませんし、いつ何をやればいいかを明確にしておくことができます。

時に、それぞれの事情により自宅で教材研究や残った仕事をすることもあるでしょう。自治体によっては一部の業務にテレワークが認められているところもあるので、ますます線引きが必要となりますね。際限なく業務をするのではなく、時間を決めて取りかかったり、妥協ではないけれど許容できる範囲の出来の仕事であると判断したりして、自制的に行いましょう。

あなたにしかできない仕事は、あなた自身を守ること

「私が何とかしなくては！」と意欲的に生徒に関わったり業務にあたったりすることは素晴らしいのですが、あなた自身の心と体の健康を壊しては元も子もありません。教員だって人間なのですから、自身を守ることが必要なのです。睡眠時間を削って教材研究をしたり、朝早くから出勤して準備をしたり、無理をしすぎないことです。そして必要以上に、自分を責めたり追い込みすぎたりしないことです。

教員になる前は、頑張ったことを褒めてくれる環境があったかもしれませんが、教員として生徒の前に立ったとき、褒められたり感謝をされたりする場面は実はほとんどありません。生徒から「ありがとうございます」と言われるのは、卒業式か卒業して数年後と言われています。会社員のように決められた期間内

で達成すべき具体的な数値目標があるわけではない教員の仕事は、自分の仕事の良し悪しは自分で評価し、次に活かすことが必要なのです。時に同僚や管理職が認めてくれたり示唆を与えてくれたりするかもしれませんが、それを期待していては前に進めません。それだけ教員の仕事は、若いうちから仕事を任される代わりに、責任も大きく、「やって当たり前」「うまくいって当然」という雰囲気があるのです。

この状態が長く続くと、何のために頑張っているのかやるせない気持ちになったり、成長しているかわからずに毎日が過ぎていくことに焦り、教員としてやっていけるのか不安になったりすることもあるでしょう。

その場合、次の三つの方法を試してみてください。

一つ目は、自分が担当してできたことを自分で褒めることです。自己評価で自信を維持していくのです。二つ目は、自分の感情を吐き出すことです。相手は家族でも同僚でもいいのです。誰かに言うのをためらう場合は、自分でノートに書きだしてもよいのです。特に、ネガティブな気持ちはため込まないようにしましょう。三つ目は、自身のキャリアデザインをすることです。生徒のために、学校のために生きる人生だけでなく、教員としてのキャリアをどのように築いていきたいのか考え続けていきましょう。これは教員になったばかりの人だけでなく、ベテランになっても末永く考えていくことです。

焦らず、人と比較せずにあなたが教員として何がしたいのかを考え、自分の人生に誇りと自信を持ちましょう。

第6章

1月～3月

（新学年に向けて）

January - March ●●　　#面談　#成績　#進路

落ち着く時期こそ油断しない

１月から３月頃は、行事が一通り終わり、年度末に向けて締めくくりの時期です。生徒たちもクラスに愛着が出てきて、落ち着いて学校生活を送れることが多いでしょう。

✦ | 気になる生徒とは面談を行い励ます

しかしその一方で、欠席が多い生徒にとっては、出席日数が足りずに単位取得が困難になる可能性もあるので、油断できない時期です。冬休みで生活が乱れる生徒もいます。生徒や保護者とのこまめな連絡は欠かさずに行いましょう。**面談も必要に応じて実施して、生徒を労ったり、励ましたりすることも必要になるでしょう**。

✦ | ３年生はつらい時期。継続的にメンタルヘルスケアを

３年生にとっては、進路が決定する大事な時期です。１月には大学入学共通テストや一般入試などがあり、**生徒たちにとってはかなりつらい時期です**。生徒の中には自分の思い通りの結果とならず、他人と比較したりして落ち込んだり、時には自暴自棄に陥る危険性があります。

そのような状況下でも、生徒たちに教員として味方で居続けること、何かあればいつでもサポートできる準備があること、それが伝わっているかどうかが何よりも大事です。**継続的なメンタルヘルスケアを怠らないように心がけましょう**。

１・２年生にとっては、新年度に向けて、クラス編成も始まる時期です。クラス分けは生徒・教員にとって、とても大事な作業です。次の１年を決める大事なものなので、**生徒・教員の声や、生徒指導の様子などなるべく多くの情報を丁寧に集約して、新年度の準備を進めましょう**。

January - March

#保護者　#教育相談

不登校傾向の生徒への対応

年度末に向けて、登校することが難しくなってきた生徒への関わりも大切です。次の学年への進級や卒業といった節目を迎えるにあたっては、成績だけでなく、出席状況による進級・卒業条件もあります。

｜出欠席日数の確認と保護者への協力依頼

不登校傾向があったり、欠席や遅刻が多かったりする生徒がいる場合は、年度末を迎えるタイミングより３か月前から注意していく必要があります。この３か月間で、気になる生徒には本人と保護者に声をかけて現状説明を具体的に説明し、今後の学校生活について一緒に考えていきます。特に、生徒と保護者が同席した面談において、今の出欠状況を伝えることは非常に重要です。その上で、**進級や卒業に向けた保護者の積極的な関わりをお願いするとよい**でしょう。

｜悩んでいる生徒には精神的なサポートを続ける

欠席が重なっている生徒、理由なく欠席が続く生徒は、自分がなぜ学校へ登校できないかわからずに、悩みを抱えている場合もあります。こうした面談においては、**精神的なサポートが必要になることもあるため、学年主任や養護教諭に同席してもらうことをおすすめします**。必要に応じて、面談を複数回行うことで、次のステージに向けて支援していきましょう。

逃げる２月、去る３月、という言葉がぴったりなのが年度末です。多くの業務に追われ、生徒一人ひとりと丁寧に向き合わなければならないことはわかりながらも、つい事務的な対応をしたり、決断を急がせたりしてしまうこともあります。しかし生徒や保護者にとっては高校の進級や卒業がかかる人生のうちの一度だけです。「もっと早く言ってほしかった」と思われることのないよう、前もって情報を伝えるなど後悔のない支援をしていきましょう。

January - March

#長期休業

冬休み・春休みの運転免許取得について

夏休みと同様に、冬休み・春休みに運転免許を取得をする生徒がいます。冬休み前にも全体集会や学年集会などの場面で、生徒指導部の教員などから全体に向けてアナウンスをするとよいでしょう。

免許取得する生徒が増える冬休み～春休み

高卒での就職先の要件として、運転免許取得を前提にしている企業などもあり、特に進路が決定した３年生の免許取得希望者はかなり増えます。**進路活動の一環ともなるので、計画的に免許取得を進めるように促しましょう**。学校によっては、生徒の取得について申請などの手順を定めているところもあります。手順を資料などで明示しながら、該当生徒に説明しましょう。

また可能であれば、春休みに入る少し前の段階で説明できると、**登校している期間中に校内で申請などの手続きを進めることが可能**です。計画的に進められるとよいでしょう。

冬の運転は積雪に注意

運転免許取得後はまだ慣れていない状態ですので、十分に注意が必要でしょう。特に**１月・２月は、行き先によっては積雪がある地域もあります**。卒業前に事故を起こしてしまうと、進路や人生にも大きな影響を与える可能性があります。事故の統計データなどを用いて、利便性の裏に事故の危険があることを伝えましょう。**卒業前の大事な時期なので、くれぐれも注意が必要です**。

バイクについても同様です。校内で定められている手順などについても説明して、事故防止に努めましょう。

新入生への説明会

新入生への説明は、主に新入生の学年担当や、生徒指導部の主任などが担当することが多いです。よく「舐められないように」や「締めておくことが大事」などの言葉を聞くことがあります。しかし、そういった方向で進めるのはおすすめしません。

✦ | 入学前の段階で厳しい指導はしない

新入生は入学前の段階なので、厳しい指導をすることは道理として合いませんし、何より始まる前から信頼関係を壊す可能性があります。高圧的な態度は、生徒や保護者の不信感を増長させ、学校に対する不信感を抱かせることにもつながりかねません。**義務教育ではない高校生活の厳しさなどを伝えることも必要かもしれませんが、まずは誠実に丁寧に対応するのがよいでしょう。**

✦ | 校則は事前に公開しておきトラブルを防ぐ

入学後のトラブルを避けるために、**学校のホームページや配布資料などに校則などを明示しておくことは、これからの時代に必須**です。「受験したのだから校則には同意していますよね？」というように、いわゆる後出しじゃんけん的な対応にならないように、事前に公開できるように準備をしておきましょう。

説明の際には、細かい校則などを説明することも重要ですが、生徒指導を担当するにあたって、そもそも**どのような想いがあるのか、どのように生徒たちに成長してほしいのかなど、生徒たちへの願いなどが説明できるとベスト**です。心配な場合は、生徒指導部や学年、管理職などに事前に相談や原稿の回覧などをして協力を仰ぎ、入学後にトラブルにならないような説明ができるとよいでしょう。

January - March

#保護者　#成績　#面談　#進路

進級に困難があった生徒へのフォロー

年度末になると、単位が取得できるかどうかひやひやしている生徒が出てきます。何も心配がなく進級できる生徒はよいのですが、進級できない生徒もいます。進級できなかった生徒には、二者面談等フォローが必要になってきますので保護者も含めた対応をしていきましょう。

ギリギリで進級した生徒とは改善策を考える

ギリギリで進級した生徒に対しては、なぜギリギリになってしまったのか、生徒と共に分析し、来年度に向けて改善策を一緒に考えるとよいでしょう。具体的には、寝坊が多くて遅刻していたとか、欠席が多くなってしまったとか、苦手科目が克服できなかった等です。

自分の意思や環境を整えるだけで改善するのであればよいのですが、**専門家の介入（スクールカウンセラーやスクールソーシャルワーカー等）が必要な場合もあります**。そのような場合には、生徒の状況や家庭環境などの情報を共有し、次年度が始まる前に方策を考える必要があります。

進級できなかった生徒とは原因や課題を探る

進級できなかった生徒は原級留置の措置をとり、もう一度同じ学年を過ごすことになり、本人は大きなショックを受けます。まずは、生徒のメンタル面をケアすることを第一として、進路変更も含めた改善策を生徒や保護者と共に考えていきましょう。もちろん、なぜこうなってしまったのかという確認は必須です。**もしかしたら、何か学校に適用できない原因や課題を抱えていたかもしれない**からです。そのようなときは、学年団や場合によっては管理職等にも相談し、適切な対応が取れるようにしましょう。

〈3年生〉卒業式の指導

卒業式の式典指導は、学校により指導方法が異なりますが、多くは式全体の卒業生の動きを確認をしたのち、送辞や答辞を読む生徒が個別に練習をしたり、卒業生だけで歌や入場などの練習をしたりします。卒業式を行うにあたり、気を付けることはどのようなことでしょうか。

✦ | 最後だからといって何をやってもよいわけではない

学校によっては、卒業生が仮装をしたり、退場の際に、担任の先生に感謝の気持ちを綴った手紙を渡したり、感謝の気持ちを胴上げに込めたりすることもあります。

卒業生になる生徒たちは、過去の先輩たちの卒業式よりもっと盛大にやりたいと言うこともあるかもしれません。しかし、**「最後だから何をやってもよい」というわけではありません。むしろ最後だから、きっちりやらなくてはならないこともあります**。

✦ | 全体を考えてふさわしい振る舞いを

高校生の最後として、卒業生として、どういう振る舞いが一番ふさわしいか考えさせます。もちろん過去の卒業生を参考にしてもよいですし、教員が高校生のときに感じたことを思い出し、それを組み込んでもよいかもしれません。ただし、式典というものは、厳粛に静粛に行われるものです。進行も分単位で決まっていることが多いので、式場内で行う必要性があるのかを考えさせましょう。

その学校の伝統、後輩たちに残したいもの、自分たちのクラスや担任の思い、それぞれを考えてそのときの行動を決められたらよいかもしれませんね。

#進路　#教育相談

〈3年生〉卒業生の進路における メンタルヘルスケア

地域や学校によって卒業式を実施する日程はさまざまです。卒業式に進路が決まっている生徒もいますが、まだ決まっていない生徒もいます。**就職が決まっていない生徒や、国公立大学の試験の結果待ち、目標に届かず大学受験を再び目指す生徒など、進路未決定の状況は生徒によってさまざま**です。

不安を抱える生徒のために、スクールカウンセラーとの連携も決めておく

そのため、卒業式までの間に、学年会議の中で生徒の進路状況を担任から報告してもらいましょう。最近では、家計の厳しさを保護者がなかなか子どもに伝えることができず、大学や専門学校に合格した日に入学金が支払えない、と進学を諦めざるを得なかった生徒もいます。どのような事情で進路が決まらないのかいくつかのケースを想定し、**生徒の不安を軽減できるよう、必要に応じてスクールカウンセラーとの連携の流れを決めておきましょう。**

メンタルヘルスケアの必要性が高い生徒について共有する

年度末は、特に公立高校の場合、異動（転勤）の準備に追われて卒業生のケアまで手が回らない教員も多いと思います。だからこそ、**担任は早めに生徒に関する引き継ぎ資料を作ることが大切**です。また、年度末を迎えるまでに、新旧の進路指導部主任と教育相談部主任、卒業学年主任で、**メンタルヘルスケアの必要性が高い卒業生について情報共有する時間を設けたい**ところです。

卒業後、久しぶりに同窓会で卒業生たちと会ったときに、「最後まで面倒を見てもらえる高校だった」と声をかけてもらえると、とても嬉しいものです。

January - March ●●

#教務

〈3年生〉家庭研修期間の過ごし方

3年生は卒業に向けていわゆる家庭研修期間に入る場合が多いです。生徒たちには生活について諸注意をしておくことが必要です。さらに、受験シーズンにもなるので、生活リズムを整えることが何よりも大事です。

卒業旅行、SNS、飲酒、喫煙……生活面のトラブルに注意

受験が終われば、生徒たちは卒業を残すだけになるので、もう終わった気持ちになっている生徒も多いのが実態です。楽しく過ごしたいところでしょうが、十分に注意が必要です。

例えば、**運転免許を取得した生徒たちの旅行でのトラブルや、飲酒・喫煙などが起こることもあります**。**トラブルの大きさによっては、就職において内定取り消しなどの措置もあるかもしれません**。

特に、SNSの使い方を誤ると大きな問題となることもあります。過去にあった事例も併わせて生徒に伝え、節度を持った生活を送るように声掛けをしましょう。

卒業式が終わっても、3月末までは在校生

身だしなみについても、校則を守らずに、卒業式前などに教員とトラブルになることも多々あります。**3月末までは「在校生」**ですので、学校のルールについても再度確認をしましょう。

この家庭研修期間に、進学先・就職先などから課題や書類提出などが出されることもあります。特にスケジュールの確認や、手続きの確認などが必要です。生徒によっては、卒業関係で諸々の手続きがあるので、**学校や担任ときちんと連絡が取れるように、連絡手段や日時なども確認しておきましょう**。4月から良いスタートを切るための充実した期間にしましょう。

1年を見通して生徒指導のアンテナを立てる

次年度の年間行事予定表を手にしたとき、生徒指導担当として準備しておくとよいことを紹介します。

1年間を見通して指導や支援のアンテナを立てる

それは1年間を通して、どの時期に生徒のコンディションが崩れる可能性があるかを予測することです。もちろん、生徒指導や教育相談の案件は突発的に起こるものです。しかし、「何か起こるかもしれない」ということを事前に予測し、アンテナを立てておくことにより、教員が生徒の変化に気付きやすくなったり、すぐに対応できるように準備を整えておくことができます。

指導や支援が必要な時期と変化を考える

実際に自校の年間行事予定表を見ながら、案件の発生しそうな時期を考えてみましょう。例えば、指導はGuidanceの「G」、支援はSupportの「S」、インパクトの大きさを◎・○・△のように記号を書き込んだり、色分けしたりしていきます。以下の時期は、学校の様子や生徒の実態などによって変わるため、あくまでも例ですが、(　)内の具体的な変化の例をもとに、生徒の気持ちになって考えてみるとよいでしょう。

①長期的な休日の後（学校に来たくなくなるかもしれない。家庭環境や人間関係に変化が起こるかもしれない)、②定期考査の後（解放感からふだんと違う行動を取るかもしれない。結果を悲観して自暴自棄になるかもしれない)、③部活動の大会（人間関係に変化が起こるかもしれない。顧問との関係性に変化があるかもしれない)、④学校行事の準備期間（意見の対立などからトラブルが起こるかもしれない。雰囲気になじめないかもしれない)、⑤学校行事の後（気分の高揚から問題行動が起こるかもしれない。達成感から無気力になるかもしれない)、⑥行事や考査など何もないとき（SNSなどでトラブルが起こるかもしれない。目標を持てないかもしれない）などです。この予測が外れて何も起こらないことが一番の願いですが、多くの生徒が生活する中で、何もない毎日はおそらくないでしょう。生徒の行動を信じつつ、適切なタイミングで指導や支援をしましょう。

第7章

年度末

春休み中の過ごし方（1年生・2年生）

生徒たちは、年度末に行われる定期考査も終わり、次の学年に向けた準備に取り掛かります。この時期は、次の年度に向けた準備期間であることを共通認識としてとらえ、それぞれの生徒にとって実りある時間としたいところです。そのような時間にするために、教員は生徒たちにどのような準備をさせたらよいでしょうか。

｜目標を持って春休みを迎える

１年生は、この高校生活１年目を振り返り、達成できたことを見つけて肯定する一方で、さまざまな場面における反省点や今後の課題を明確にするとよいでしょう。また、それらを踏まえて、２年生に向けた目標作りに取り組みましょう。

２年生は、春から最終学年となります。進学するか、就職するかによって、３年生のスタートも変わってきます。自分の進路と目標について再確認しておくことが大事です。

それぞれの学年において、明確な目標を考えさせる時間は、とても大切な時間です。ぜひ、この春休みに取り組めるようにしましょう。

｜春休み中に起こりがちなトラブル

春休みは他の長期休業と比較して宿題が少ないため、休みを謳歌してはめをはずしがちです。生徒指導上のトラブルが発生したとき、教員の人事異動などで校内体制が手薄にならないように注意しましょう。また、年度が替わるタイミングで部活動の顧問が代わって生徒が動揺したりします。適切なサポートをしましょう。

必要な生徒には、休み中に時間を設定して面談を行うこともおすすめです。

The end of fiscal year ••

年度末に生徒指導部でやっておくこと

いよいよ年度末です。新年度に向けて、総括と準備の時期です。クラス編成も大詰めとなり、新年度の選択科目や部活動、生徒同士や教員との相性などを考慮して進めていく必要があります。

✦ | 生徒指導上で起こったトラブルを記録に残しておく

状況によっては新しく転任する教員の情報も入ってくるので、旧学年と新学年のメンバーで相談・引き継ぎを丁寧にしながら、スムーズに進めていきましょう。また、中学校への聞き取りなどを通じて、新入生の情報も入ってくる時期です。次の一年を決める動きにもなるので、生徒情報を入念に確認しながら進めていきましょう。

教員の間で新年度に向けて総括的なアンケートや議論が行われる時期でもあります。総括アンケートは、**生徒指導上で起こったトラブルや、教員や生徒からの声を忖度（そんたく）せずに書くとよい**です。口頭伝達では物事は変わりにくいので、誰が読んでもわかるように記録に残しておきましょう。

✦ | 生徒との関わり方を振り返る

また自身の取り組みを振り返るのもこの時期にはおすすめです。**生徒指導上の関わり方などは、経験のある教員にノウハウや心構えを聞いたりして、新年度のスタートに活かしましょう**。4月に入ると忙しい日々が続くので、できることは年度内にやっておくことが大事です。

生徒たちは進級、卒業の節目のシーズンです。進級・卒業ができることは、とても意義のあることなので、生徒たちのこれまでの努力を労い、次のステップへの後押しができるように声をかけられるとよいでしょう。

新年度に向けての指導体制の見直し

多様性の尊重の風潮や、生徒たちを取り巻く状況の変化は絶えず起きており、生徒指導体制も見直しが必要です。見直しは年度末に行うことが多いですが、多忙な時期のため、なかなか時間をとることが困難です。何か必要なことがあれば、随時、関係各所に共有をしていくとよいでしょう。

✦ | 生徒指導体制の見直しは情報収集から

大規模な見直しについては、１月頃からスタートできると時間も十分にとれます。生徒の出身中学校や、近隣の高校などでも同様に生徒指導の改革が進んでいるところもあります。研修や部活動の大会などで、教員仲間を通じてそのような動向を聞いておくと、自分の勤務校の状況を相対視することが可能です。他校から転勤してきた先生に前任校の指導体制について聞くこともおすすめです。

また、全体の見直しは困難でも、**同じ学年内の教員や生徒たちに生徒指導体制について率直な意見を聞いてみる**こともよいですね。関係者との対話は視野も広がりますし、信頼関係の構築にもつながるので、雑談の延長くらいの気持ちで気軽に話をしてみるのも大事です。

✦ | 次年度に向けて対話をすることに価値がある

自分のできる範囲で、**次年度に向けて振り返りや関係者との対話ができれば、それだけでも十分な価値があります**。アンケートなどがある場合は、積極的に意見を書くとよいですが、**同僚への攻撃にならないように留意しましょう**。伝え方を工夫することも、チーム学校を作る上で大事です。ぜひより良い学校づくりにつなげていきましょう。

生徒の引き継ぎ

学校全体で生徒指導をしていく際、必ず引き継ぎをする必要があります。なぜならひとりの生徒を同じ教員がずっと担当することはまれだからです。

✦ | 一人ひとりについて1年間の見取りを記録する

生徒一人ひとりについて、「この生徒は、どういう性格で、どんな特徴を持った生徒なのか、誰と仲が良くて、誰とうまくいかないのか、グループワークが苦手で、コツコツひとりで作業することが得意」など、**できるだけ細かく記録に残しておきましょう**。

さらに、生徒指導上、誰と喧嘩したことがあるということや、家庭環境のこと、三者面談で保護者と話した内容なども記入しておきます。そうすることで、次年度に引き継ぐ教員がスムーズに支援することができます。

✦ | フォーマットを用意して、月に一度、少しずつ記入しておく

しかしながら、この引き継ぎ資料を年度末にまとめてやろうとすると、非常に大変です。40人の生徒の一挙手一投足を把握できるわけではないですし、そもそも忘れてしまうからです。

そこで、**月に1回程度、少しずつ記入していく**ことをおすすめします。とはいってもなかなか着手できないので、クラスの一人ひとりのことを記入するためのフォーマットを準備しておくのです。そこに気がついたときにすぐ書けるようにしておけば、いくらか書く時間を増やせるのではないでしょうか。学校全体でフォーマットがある場合もあるので、ぜひ確認してみてください。

公文書の保管場所と年限

そもそも公文書とは何でしょうか。辞書によると、「国や地方公共団体の機関または公務員が、職務上で作成する文書」とあります。公立高校の教員が作成した文書は、「公務員が作成する文書」ということになるでしょう。例えば、保護者宛通知や生徒名票等です。では、そのような文書はどのように保管すればよいのでしょうか。

✦ | 決められた場所に保管する

多くの場合、作成者が起案し、管理職の決裁を経て、修正されたものが手元に戻ってきます。その起案した文書を、学校指定の鍵つきのロッカー（キャビネット）に保管するという流れになっているでしょう。**学校内で、保管する場所が定められていて、例えば、教務の管轄の文書はAの箇所に、生徒指導の管轄の文書はBの箇所に……のように分かれています**。このように決められた場所に保管することは紛失を防ぐだけでなく、誰にでもわかりやすい環境を作ることにつながります。ただ、今は、DX（デジタルトランスフォーメーション）が進み、電子起案・電子保存の学校もありますので、保管方法などを確認しましょう。

✦ | 保存年限を過ぎたら破棄する

各文書には保存年限があり、１年、３年、５年……等々、各都道府県の教育委員会から指示が出ています。**その指示に従って保存年限まで学校で保管し、保存年限を過ぎたら廃棄します**。なかなか慣れない部分でもあり、全く知らなかったという方もいるかもしれませんが、一度学校の公文書がどこに保管されているのか確かめておくとよいでしょう。

不要書類の廃棄

教員の机の上には、書類が置かれていないという日はないでしょう。ICT機器の普及やDX化が進んではいるものの、まだまだこの状況は継続しそうです。では、不要になった書類はいったいどうすればよいでしょうか。

使用しないとわかっているものは適切に捨てる

まずは基本的なことですが、**使用しない書類は捨てる**ことです。**個人情報が入っているものはシュレッダーをして、その他のものは紙ごみとして捨てます。**ここで悩むのは、「何の資料が必要になるかわからない。だから全部とっておくべきだろうか」というものです。いつか使うかもしれないと考え始めると捨てにくいですが、それでは全く片付きません。

捨てるのに迷う場合は電子データで保管する

その悩みを解決するのがスキャナーです。**すぐには使わないかもしれないけど取っておきたい書類については、全部電子データにしておく**のです。そうすれば机の上に置いておく必要はありません。特に、もともと電子データがある資料については、どんどん捨てていきましょう。必要があればいつでも復元できるのですから。

このように書類を分類していくと、不要な書類を廃棄することができます。**書類を捨てて机を整理することで、仕事の効率もアップ**します。書類は溜まる前に処理することが一番です。自分なりのルールを作って書類を分類し、保管や廃棄していきましょう。

引き継ぎ文書の作成と受け渡し

公立高校の教員であれば、異動は避けて通れません。異動をするということは、その学校からいなくなるわけですし、担当していた仕事を引き継がなくてはなりません。同じ仕事をしていた教員がまだ次の年も残留していればよいですが、そうでない場合は、新しく赴任する教員に引き継ぎをする必要があり、そのためには引継ぎの文書を作成しておく必要があります。

✦ | 引き継ぎ資料は異動があってもなくても役に立つ

まずは、日頃から引き継ぐ準備をしておくことです。異動は自分の意思ではどうにもならないことが多いので、「いつ自分が異動してもよい状態にしておく」ことが大切です。

具体的には、**仕事の項目や、時期ごとに項目立てをして、その資料はどこにあるのか、また誰の指示が必要なのか、いつまでに準備する必要があるのか**等を書き記しておきましょう。「自分が異動するかどうかもわからないし、面倒だ」と思うかもしれませんが、自身が来年その仕事を担う場合であっても、引き継ぎ資料を作っておくことは非常に有用です。**未来の自分を助けるつもりで作成しておきましょう**。

✦ | 引き継ぎ資料の受け渡しについても決めておく

引き継ぎ資料を作ったら、**どこにその引き継ぎ資料があるのか、また引き継ぎ資料は誰がどこで渡すのかというのも確認しておいたほうがよい**です。作成した本人がいなくなる場合には、残留する教員に伝えておくことが大切です。引き継ぎ資料がないと、次の方の仕事の量が倍増しますので、きちんと受け渡しをするシステムを学校や分掌内で共有しておきましょう。

職員室の机上整理

ふだんから机上の整理ができている教員であれば、年度末の大掃除は必要ないかもしれませんが、多くの教員は１年間、走りっぱなしで、なかなか整理する時間もありません。机の上や本棚の中はきっとたくさんの資料や物でいっぱいになっているでしょう。年度が変わる前に整理をしておかないと、すぐに来年度の物で机が埋まっていきます。今年度の資料と来年度の資料の区別がつくように整頓しておきましょう。

よく使うものの置き場所を決めておく

まずは、来年度も必要なものはどれかを明確にしましょう。例えば、ステープラーやハサミ、名刺やパソコン等は来年度になっても必ず使用します。このように**必ず使用するものの置き場所を決めてしまう**のです。

資料についても同様です。来年度の資料が配られたら本棚のこの場所にしまう、もしくはこのファイルに挟み込む等、物の場所をきちんと決めてあげましょう。すると、場所が決まっていないものが机の上に残ります。それは、不必要なものなのか、もしくはものの場所を決めて整理しておかなくてはならないものなのか判断が必要です。

１年間使わなかったものは捨てる

その基準は人それぞれだと思いますが、よく言われるのは「**１年間使用しなかったものは、次の年も使用することは少ない**」というものです。それを基準にすると捨てるものと残すものが明確になるかもしれません。

生徒指導から生徒支援へ

私たちは、何のために生徒指導を行っているのでしょうか。その回答のヒントが、2022年（令和４年）に改訂された「生徒指導提要」にあります。

「生徒指導」の定義や体制の見直し

生徒指導提要では、生徒指導は「児童生徒が、社会の中で自分らしく生きることができる存在へと、自発的・主体的に成長や発達する過程を支える教育活動のことである」と定義されました。

また同様に2023年（令和５年）に「こども基本法」が施行され、社会的にこどもの権利を重視する傾向が高まってきています。これらの転換に伴い、学校の生徒指導体制も見直しが求められています。

多様な生徒の成長を支える方向へ

社会は正解のない時代へと移り変わり、生徒が抱える問題も複雑化してきています。多様性の尊重やインクルーシブ教育、教育相談などの重要性もこれまで以上に高まってきています。一方的な指導では、なかなか生徒には届きません。これらの状況を踏まえ、管理主義から更に先へ進み、教員主導の生徒指導から、多様な生徒たちの成長を支援する方向、いわゆる生徒支援の方向へと進んできています。

絶えず自分自身の生徒指導を見直すことが大事

このような流れの一環で、分掌の名称などを生徒指導部から生徒支援部へと転換する動きが全国的に生まれてきています。もちろん、指導と支援はどちらも重要な考え方ですが、この「生徒を支援する」体制への移行は、今後更に広まっていくでしょう。私たちは、このような変化を踏まえ、絶えず生徒指導を見直していくことが必要です。そのためのヒントがこの「支援」という考え方にはあるのではないでしょうか。

おわりに・・

読者の皆様へ

　ここまでお読みいただき、執筆者一同、心より感謝申し上げます。

　本書を含む３冊（『高校教師のための学級経営・学習支援』『高校教師のための進路指導・就職支援』）は、それぞれ担任、生徒指導や教育相談担当、進路指導担当になったときの不安や悩みにアプローチできる本を目指して、同時刊行されました。

これからの時代に必要な生徒指導と教育相談

　単に目の前の書類を整理する仕事とは違い、教科を教えるだけの仕事でもなく、感情のある子どもを相手に指導や支援を行うのが教員の仕事です。

　時代が変わり、学習指導要領が変わり、生徒が変わり、生徒が活躍する未来も変わりつつある中、私たち教員も変化を求められています。何十年も前のきまりを押し付けたり、学校に来ることを前提とする支援をしたりするのでは通用しなくなっています。多様な背景を持つ生徒が自分らしく生きることができるよう、多くの教員が携わりながら、互いの存在や人権等を尊重し、関わることが求められています。

最後に

　本書を出版するにあたり、執筆者の先生方はもちろんのこと、編集者の戸田幸子さんには、全国の先生方に届けるメッセージを紡ぐ作業を一緒にしていただきました。複数いる執筆者に対して丁寧に声をかけ、個々の事情に合わせ配慮・尊重してくださり、大変感謝しております。

　本書を読んでくださった全国の皆さんとチームになって生徒に接することができ、互いに充実した日々を過ごせることを願ってやみません。

チームSMASHを代表して

峯岸久枝

執筆・チームSMASH

現役高校教師による、研究・実践チーム。安心して過ごせる学級・ホームルームづくりを中心に、生徒指導・支援や進路指導・就職支援など、高校教師が生徒に行うサポートについて日々研究と実践を重ねる。全国各地から公立私立を問わず集まり、オンラインを中心に情報共有や発信を行っている。

〈執筆者〉 ○は編著者 ※五十音順・所属は執筆当時

浅見和寿 埼玉県立朝霞高等学校
佐藤革馬 札幌新陽高等学校
鈴木智博 大垣日本大学高等学校
逸見峻介 埼玉県立新座高等学校
○峯岸久枝 東京都立武蔵高等学校・附属中学校
宮﨑亮太 私立中学・高等学校

Web月刊ホームルーム
チームSMASH連載
「安心できるホームルームづくり」（全12回）

高校教師のための生徒指導・教育相談

2025年3月21日 初版第1刷発行
著 者 チームSMASH
編著者 峯岸久枝
発行者 鈴木宣昭
発行所 学事出版株式会社 〒101-0051東京都千代田区神田神保町1-2-5
電話 03-3518-9655（代表） https://www.gakuji.co.jp

編集担当 戸田幸子 編集協力 町田春菜・酒井昌子
本文デザイン・組版 株式会社明昌堂 装丁デザイン 相羽裕太（株式会社明昌堂）
印刷・製本 精文堂印刷株式会社

ISBN 978-4-7619-3050-9 C3037